KB124328

삶과 나이

Die Lebensalter
Romano Guardini

삶과 나이

완성된 삶을 위하여

로마노 과르디니 지음
김태환 옮김

문학과지성사

삶과 나이

완성된 삶을 위하여

제1판 제1쇄   2016년 5월 18일
제1판 제8쇄   2024년 8월 19일

지은이   로마노 과르디니
옮긴이   김태환
펴낸이   이광호
펴낸곳   ㈜**문학과지성사**
등록번호   제1993-000098호
주소   04034 서울 마포구 잔다리로7길 18(서교동 377-20)
전화   02) 338-7224
팩스   02) 323-4180(편집)   02) 338-7221(영업)
전자우편   moonji@moonji.com
홈페이지   www.moonji.com

ISBN 978-89-320-2862-0 03100

이 도서의 국립중앙도서관 출판예정도서목록(CIP)은 서지정보유통지원시스템 홈페이지
(http://seoji.nl.go.kr)와 국가자료공동목록시스템(http://www.nl.go.kr/kolisnet)에서
이용하실 수 있습니다. (CIP제어번호: CIP2016011317)

차례

삶의 시기   9

태아로서의 삶과 출생, 그리고 유년 시절   19

성숙의 위기   30

청년   37

경험의 위기   65

성년   75

한계 경험의 위기   80

각성한 인간   89

물러남의 위기   92

지혜로운 인간   101

고령으로의 진입   110

노쇠한 인간   116

되돌아보며   142

부록 [윤리학 강의] 나이와 철학   149

     [라디오 연설] 늙는다는 것에 관하여   169

옮긴이의 글 우리 삶의 본질에 대한 가장 간결한 말   190

일러두기

이 책의 내용은 본래 윤리학의 근본 문제에 관한 강의의 한 장을 이루고 있었다. 이후에 문장이 다듬어지기는 했지만, 강의로서의 성격에는 변함이 없다.

그러므로 이 텍스트가 구두 강의를 위한 대본으로서 자유롭게 설명하는 가운데 더 보충될 것을 염두에 두고 씌어졌다는 점, 그러므로 독자도 텍스트와 함께 생각하고 더 이어서 생각할 필요가 있다는 점을 환기해두고자 한다. 빈번히 반복되는 말줄임표도 이 점을 말해주고 있다.

제4판에 부쳐

저자는 이 개정판을 위해 "나이"라는 기본 테마를 더 풍요롭고 깊이 있게 다룬 두 편의 원고를 보내왔다. 첫번째 글은 저자가 뮌헨 대학 윤리학 강의에서 70세 생일에 즈음하여 펼친 생각을 담고 있다. 특별한 기회에 행한 강연으로서 개인적 감회가 그대로 살려져 있다. 두번째 글은 "삶의 저녁"에 관한 바이에른 라디오 방송 시리즈에서 행한 강연을 실은 것이다.

제5판에 부쳐

이 판에서도 분량이 늘어났는데, 완전한 노년에 다다른 인간에 관한 글이 추가되었다. 객관적인 맥락은 논외로 하더라도, 점점 기대 수명이 늘어가고 있다는 사실이 이미 이 주제의 중요성을 분명히 해주고 있다.

삶의 시기

1

인간의 삶을 고찰하는 관점은 다양합니다. 그리고 그
어떤 관점으로도 온전히 파악되지 않는다는 것이 바로 삶
의 본질적 특징이겠지요. 그 가운데 제가 말씀드리고자
하는 것은 이런 관점입니다. 인격은 동일성을 유지하면서
도 보다 구체적인 특성에서는 변화하기 마련인데, 이러한
동일성과 변화 사이에서 생겨나는 독특한 긴장을 출발점
으로 하여 인간의 삶을 바라보는 것입니다.

인간은 항상 새롭게 변해갑니다. 인간의 몸과 마음의
상태가 끊임없이 변하니까요. 일을 할 때와 휴식을 취할
때가 다르고, 뭔가를 얻기 위해 투쟁할 때와 안락하게 가

진 것을 누릴 때가 또 다릅니다. 새로운 사람을 만나 관계를 맺을 때마다 인간 본성이 지닌 각기 다른 측면들이 나타나고, 건강이나 직업 또는 사회적 상황 등의 변화는 인간의 가장 내밀한 부분까지 영향을 미칠 수 있습니다. 여기서 생겨나는 차이는 때로 너무나 커서 인격의 동일성 자체가 의심스러워지기도 하지요. 이를테면 정신분열증처럼 비정상적인 상태에 있는 사람을 보면 그렇습니다.

하지만 어떤 경우에도 문제되는 사람이 동일한 인간이라는 사실에는 변함이 없습니다. 그의 상태가 때에 따라 달라진다고 해서 인격의 통일성이 폐기되는 것은 아니지요. 오히려 인격의 통일성은 그런 상이함 속에서 스스로를 주장합니다. 일견 통일성이 파괴될 지경에 이른 듯 보이는 상황에서도 운명의 결정적 계기를 통해 우리는 그런 통일성을 느낄 수 있습니다.

이제부터는 인간의 여러 가지 상태 가운데서 인간 이해에 특별한 중요성을 갖는 한 가지 종류의 상태에 주목해

보려 합니다. 그 상태란 나이에 따라 구분되는 삶의 시기입니다.

곧바로 이런 물음이 떠오를 겁니다. "삶의 시기라면, 어디서부터 어디까지 경계를 그어야 할까?" 삶의 모든 시기는 그 자체로 새로운 것이라고 할 수 있습니다. 가령 하루를 이루는 여러 단계들, 즉 아침, 점심, 저녁도 각각 하나의 삶의 시기가 될 수 있습니다. 또는 밤과 낮으로 이루어진 하루라는 단위도 어제와 다르다는 점에서 마찬가지입니다. 하나의 계절도 지난 계절과 구분되기에 삶의 시기가 될 수도 있고, 또 한 해(年) 전체도 지난해와 비교할 수 있는 하나의 시기입니다. 각 삶의 시기가 더 이상 반복될 수 없는 유일한 것이라는 단순한 사실만으로도 이미 그렇게 볼 수 있습니다. 우리가 별다른 생각 없이 어떤 삶에 대해 "몇 년, 몇 주, 며칠"의 시간이라고 말해버린다면, 그것은 추상적인 시간 혹은 날짜의 기계적인 획일성을 핑계로 삼아 유일무이함의 무게를 회피하려는 기만일 뿐입니다. 모든 하루하루, 모든 한 해 한 해는 우리의 구체적인 삶의 생생한 시기들입니다. 이들은 단 한 번밖에 오지 않기에 우리의 삶 전체에서 다른 무엇과도 바꿀 수 없는 지위를 갖는 것입니다.

모든 삶의 시기가 전례 없이 새롭고 유일하며 또한 영원히 사라져가는 것이라는 사실, 바로 이 점에서 인간 삶의 긴장, 즉 바로 그때 그 시기의 삶을 살려는 아주 내밀한 충동이 나옵니다. 이 충동을 느끼지 못하면 곧바로 단조로움의 감정이 생겨나고, 이 감정은 절망으로까지 치달을 수 있습니다. 그런데 또한 그러한 유일무이함 때문에 지나간 어떤 것도 되돌릴 수 없다는 사실이 무겁게 다가옵니다. 이와 함께 상실의 고통도 따르기 마련이지요.

따라서 특정하게 정의된 삶의 시기만을 강조하는 모든 시도는 어떻든 자의적인 성격을 띨 수밖에 없습니다. 그럼에도 불구하고 삶에는 그렇게 특별히 부각시켜도 될 만큼 근원적인 의미를 지닌 분기점들이 있는 것도 사실입니다.

2

지금 주어진 시간이 많지 않으므로 삶의 시기를 아주 넓게 잡아서, 유년, 청년, 성년, 중년, 노년, 그리고 말년으로 구별해봅시다.

분명 삶의 시기는 더 세세하게 구분할 수 있습니다. 가령 작은 아이는 큰 아이와는 다른 삶의 형상으로 나타납니다. 그리고 큰 아이는 다시 청소년과도 다르고요. 그렇지만 이런 식으로 계속 가다가는 논의가 한없이 늘어날 것입니다.

우리가 구별한 각각의 시기를 통과하면서 인간은 어떤 전형적인 위기를 겪습니다. 즉 유년기와 청년기 사이에는 사춘기라는 위기가 있고, 청년기와 성년기 사이에는 경험의 위기, 그리고 성년과 중년 사이에는 한계 경험이라는 위기, 또 중년과 노년 사이에는 물러남의 위기, 마지막으로 노년과 말년 사이에는 무기력해지는 데 따른 위기가 놓여 있습니다.

이들 각 시기는 진정 독자적인 삶의 형상으로서 한 시기에서 다른 시기를 도출하는 것은 불가능합니다. 아이의 태도를 바탕으로 청년의 태도를 이해할 수는 없는 것입니다. 마찬가지로 아이의 삶을 청년이 되기 위한 준비 단계에 지나지 않는 것으로 볼 수도 없습니다. 모든 시기는 저마다 고유한 특성을 갖고 있으며, 그런 고유한 특성이 너무나 강하게 발휘되는 바람에 해당 시기를 지나 다음 시기로 넘어가는 데 어려움을 야기하는 경우도 있습니다.

심지어 이 어려움은 고착될 수도 있습니다. 그렇게 되면 하나의 시기를 완전히 살아내고 새로운 시기가 시작되어야 할 시점에서도 여전히 지난 시기를 붙들고 있게 됩니다. 이를테면 나이로 보면 이미 성숙해졌어야 함에도 여전히 감정과 성격에 있어서 아이 같은 태도를 가지고 있는 유아적 인간이 그러합니다. 반대로 해당 시기가 지나치게 다음 시기로 쏠려버려서 그 시기의 고유한 본질이 활짝 피어나지 못하는 경우도 있습니다. 예를 들어 주변 환경이 파탄이 나는 바람에 너무 조숙해져버리거나 경제적인 어려움 때문에 마음껏 놀지 못하고 일찍부터 일을 해야 하는 아이는 진짜 아이가 될 기회를 박탈당하고 맙니다.

삶의 형태는 가치형상Wertfigur 또한 만들어냅니다. 우리는 이 강의에서 가치형상이라는 용어를 사용하고 있는데,° 이를 간단히 설명하면 이렇습니다. 하나의 가치형상 속에서는 몇몇 지배적인 요인의 영향 속에서 고유한 특성을 지닌 일정한 가치들의 그룹이 형성되고 부각됩니다. 각각의 삶의 시기는 고유한 가치형상을 발전시키고, 이와 함께 고유한 윤리적 가능성과 과제가 정해집니다.

이 모든 다양한 형태 속에서도 살아가는 것은 결국 한 명의 동일한 인간입니다. 단순히 생물학적인 의미에서의 개체, 가령 동물과 같은 그런 개체로서만이 아니라 자기 자신을 의식하면서 각 시기에 스스로 책임을 지는 인격으

○ 여기 수록된 내용은 윤리학 강의의 한 부분으로서, 이 윤리학 강의에서는 특수한 윤리적 과제에 관한 이론의 기초를 마련하고 이를 일반적 윤리학의 원리와 대비하기 위해 가치형상의 개념을 사용하고 있다.

로서 말입니다. 이것은 예컨대 이전의 강의에서 상세하게 이야기한 기억과 예견이라는 현상을 보면 알 수 있습니다. 인간은 지나온 시간을 되돌아볼 수 있고 과거에 있었던 일들을 눈앞에 되살려볼 수 있습니다. 하지만 그것은 단순히 객관적인 사실의 확인이 아니라 자기 자신의 존재와의 연관 속에서 이루어지는 행위이고, 여기에 기억의 본질이 있는 것입니다. 다시 말해 기억의 대상이란 자기자신의 삶 안에 있는 일들로서, 이들은 아무리 다양하다고 해도 결국 하나로 엮여 실존의 실현—혹은 좌절—으로 귀착되는 것입니다. 예견의 경우도 마찬가지입니다. 내일, 다음 주, 다음 학기, 내년을 위한 모든 계획은 아직 존재하지 않는 것을 미리 내다보는 행위지요. 그것은 현재와는 다르겠지만, 그럼에도 동일한 인격에 의해 규정되는 실존의 통일성에 속하게 될 터입니다.

　그런데 기억과 예견이라는 현상에서도 새삼 분명해지는 것은 각각의 시기들이 서로 대단히 선명하게 구별된다는 사실입니다. 예를 들어 어른이 기억을 통해 진짜 자신의

16

어린 시절로 돌아가는 것이 얼마나 어려운가를 생각해봅시다. 그러니까 그 시절을 극복해버린 무의미한 과거로 치부하거나 잃어버린 행복의 시간으로 보지 않고, 정말 있는 그대로의 모습으로 다시 떠올리기란 쉽지 않은 것입니다. 그것이 얼마나 어려운지는 어른이 아이를 교육할 때도 거듭 드러납니다. 가령 아이한테 아이답지 않은 태도나 아이가 할 수 없는 일을 하도록 요구하는 사람은 자기가 아이였을 때 어땠는지를 까맣게 잊어버린 게 분명합니다.

여기서 삶의 각 시기와 삶 전체 사이의 변증법이 드러납니다. 모든 시기는 그 자체로서 고유한 특징을 지니며, 앞선 시기나 뒤따르는 시기에서 연역될 수 없는 것입니다. 그러나 다른 한편 모든 시기는 삶 전체 안에서 자리를 가지고, 또 삶 전체를 향해 작용을 할 때만 완전한 의미를 얻을 수 있습니다.

자, 그러면 이제 이 상이한 시기들을 각각 자세히 살펴봅시다.

여기서 여러분께 한 가지 주의할 점을 말씀드리겠습니다. 지금 우리에게 주어진 조건 속에서 섬세한 구별은 불가능하고, 대강의 윤곽을 잡아서 그릴 수밖에 없습니다. 그러다보니 이러한 스케치에 대해 반대 의견이 제시될 수 있을 겁니다. 내 경험으로 보면 그렇지 않았다든가, 내가 아는 다른 사람들을 봤을 때 그랬던 것 같지 않다든가 하는 식으로 말입니다. 삶의 시기의 특징을 완전히 정확히 묘사하고자 한다면, 각 단계가 특정한 인간에게서 어떻게 전개되는가를 보여주는 방식으로 그림을 그려가야 할 것입니다. 하지만 그때는 더 이상 철학을 끌어들일 필요가 없겠지요. 그보다는 역사가 필요할 것입니다. 그것도 각 개인들의 역사, 다시 말해 전기傳記가 필요할 겁니다.

그러나 이것은 우리의 과제가 아닙니다. 그래서 우리는 전형적인 형식을 찾아보고자 합니다. 전형적인 것이기에 어떤 경우에도 완벽하게 들어맞지는 않지만, 제대로 이해하기만 한다면 모든 경우에 어떤 방식으로든 적합성을 가지는 그러한 형식을 찾으려는 것입니다.

태아로서의 삶과 출생, 그리고 유년 시절

1

유년의 삶의 형태에 관한 이야기로 시작합시다. 우리 자신이 더 이상 아이가 아니기 때문에, 성인이 되어 자기 자신의 유년기에 관해 생각할 때 늘 오류에 빠질 수 있다는 점을 일단 명심하고 있어야 하겠습니다. 어른에게 자신의 유년기는 친숙하면서 또한 낯설기도 합니다. 그는 유년 시절을 기억하기도 하지만 또 잊어버리기도 하지요. 그래서—유년의 기억을 떠올릴 때 흔히 볼 수 있는 일이지만—어린 시절을 어느 한쪽 방향으로 채색할 위험에 빠지게 됩니다.

우리는 앞의 총론에서 삶의 각 시기 사이에 일정한 위

기가 찾아온다고 했습니다만, 그러한 위기는 심지어 유년기 이전에도 있습니다. 이런 얘기를 들으면 처음에는 무슨 소리인가 어리둥절해할 분들도 있을 겁니다. 왜냐하면 우리는 대개 당연하게 유년기를 삶의 출발점으로 받아들이고 있기 때문입니다. 그러나 심층심리학의 통찰에 따르면, 사실 아기엄마들은 모두 저절로 알게 되는 사실이지만, 엄마 배 속에서의 삶도 역시 엄연한 하나의 삶이며, 태아는 생리학적 의미에서뿐 아니라 심리학적 의미에서도 성장의 과정을 겪고 있는 것입니다. 태아의 심리적 성장이 어떻게 이루어지는지에 대해서까지 여기서 논의할 수는 없지만, 어쨌든 적어도 태아의 마지막 발전 단계에서는 그런 심리적 삶이 있다고 할 수 있는 것입니다. 다만 무의식적이라는 점이 보통의 심리적 삶과 다를 뿐이죠. 우리가 영혼의 삶을 의식의 삶과 동일시하는 데 익숙해져 있어서 태아의 삶이라는 관념을 받아들이기가 어렵다고 한다면, 한번 잠을 생각해보십시오. 잠을 자는 중에도 영혼의 활동은, 심지어 정신의 활동까지도 결코 멈추지 않습니다. 다만 다른 형태로, 즉 무의식의 형태로 계속될 따름입니다. 그리고 그것은 특정한 방식으로 가공되어 나중에 의식 속으로 들어올 수도 있습니다(꿈, 개인적인 일들에 관한 깨달음, 정신적 생산의 촉진, 문제의 해결 등등).

엄마 배 속에서 신체와 영혼의 성장이 제대로 이루어지도록 하는 것, 엄마의 잘못된 행동으로 인한 충격, 불안, 결핍 등에 노출되지 않도록 배려하는 것은 임신 기간 중의 주요 과제 가운데 하나입니다.

하지만 우리가 언급한 위기는 출생 과정 자체에서 나오는 위기입니다.

완전한 발전 단계에 이른 아기는 출생의 과정을 거치면서 모태를 떠나 개별적인 존재로서의 삶을 시작하게 됩니다. 심리학에 따르면, 이 과정은 아이의 영혼 깊숙이 각인되며, 이때 뭔가 잘못될 경우 이후 삶 전체에, 신체뿐만 아니라 영혼에까지 부정적인 영향을 남긴다는 것입니다.

모태 속 아기는 완벽하게 감싸여 있는 상태입니다. 아

기는 엄마의 생명 영역 속에서 살고 있습니다. 출생을 통해서 아이는 이 영역에서 떨어져 나오는 것입니다. 문제는 이 분리가 정말로 완벽하게, 다른 한편으로 올바른 인도를 통해 이루어지는가 하는 점입니다. 이미 프로이트도 경험 많은 산파들의 이야기를 통해 출생이 아기에게 공포의 체험이고 그러한 공포를 잘 넘기기 위해서 엄마의 역할이 결정적이라는 데 대해 주의를 환기한 바 있습니다. 다른 한편으로 엄마와의 분리—내면, 영혼의 분리, 자기 자신의 삶으로의 입장—가 제대로 이루어지지 못할 경우, 이는 우울한 감정을 낳는 중요한 원인이 되는 것처럼 보입니다. 그러니까 우울의 감정 속에는 모태 속에서 보호받던 때로 돌아가고자 하는 욕망이 작용하고 있는 듯합니다.

이 단계의 윤리적 과제는 자연히 부모, 특히 엄마의 몫이 됩니다. 그것은 생리적 차원의 의무에서부터 정서적 안정의 유지, 속 깊은 주의와 사랑, 출산 과정에서의 태도까지를 포괄합니다. 마지막 문제와 관련해서는 점점 더 출산을 용이하게 해주는 기술의 발전이 그저 긍정적이기만 한 것일까 하는 물음을 던져볼 수 있을 것입니다. 그러한 기술이 결국 출산 과정을 사소한 일로 만들고 엄마와의 분리—그것은 동시에 한 인격으로서 받아들여짐을 의미하기도 합니다—가 가지는 실존적 중요성을 지워버리는 결과를 낳지 않을까요?

2

아이의 삶의 형상이란 대체로 다음과 같은 계기들로 규정될 수 있을 듯합니다. 아이는 우선 개인으로서 존재하는 데 익숙해져야 합니다. 아이는 누구에게 의존하지 않고 혼자 걷는 법을 배워야 하고, 떠먹여주는 걸 받아먹는 대신 스스로 먹는 법을 배워야 하며, 다른 일들에서도 마찬가지입니다.

아이가 보호받는다는 것은 일차적으로 부모, 그중에서도 엄마가 아기와 외부 세계 사이에 서 있다는 것을 의미

합니다. 물론 아빠도 직접적으로, 혹은 엄마를 통해 간접
적으로 아이에게 보호를 제공하지요.

　자기를 주장할 힘이 없는 신생아에게 세계는 적대적입
니다. 부모는 이 적대적 세계의 충격을 막아줍니다. 부모
는 물리적인 위험과 영혼에 가해질 수 있는 상처로부터
아이를 보호합니다. 또 먹여주고 씻겨주고 입혀줍니다.
세계는 아이에게 낯선 곳이기도 합니다. 아이들이 끊임없
이 던지는 질문이 무엇인가요? "저건 뭐야?" 이 질문은
낯설기 때문에 나오는 질문이죠. 엄마는 낯선 것을 번역
하여 아이의 직관과 감정의 세계 속으로 전해줍니다. 엄
마의 대답은 때로는 어리석어 보이기도 하지만 사실 그것
만이 유일하게 올바른 대답입니다. 그 대답만이 아이가
이해할 수 있는 것이니까요…… 부모는 아이를 늘 깊은
주의와 사랑으로 받아주며, 이러한 분위기 속에서 아이는
잘 보호받고 있다는 의식을 가지게 됩니다. 더 정확히 말
하자면, 아이에게는 보호받지 않을 수도 있다는 생각 자
체가 떠오르지 않게 됩니다. 아이에게 부모는 권위요 보

호막이며 무엇이든 베풀어주는 존재 그 자체이기 때문입니다.

그런데 보호막은 아이의 정신 안에도 있습니다. 아이가 아직 어른들처럼 세계를 분간하지 못한다는 사실이 그러한 보호막 구실을 합니다. 예를 들어 아이에게는 안과 바깥이 분리되어 있지 않습니다. 영혼의 내용과 외부의 현실이 서로 넘나드는 것입니다. 상상 속의 사물이 곧 현실이고, 환상은 곧바로 충족됩니다. 예컨대 아이들이 거짓말을 잘 꾸며내는 듯이 보이는 것도 상당 부분 여기서 원인을 찾을 수 있습니다. 아이가 환상에 대한 진술과 현실에 대한 진술을 구별하기까지는 상당한 시간이 걸립니다…… 외부 세계에 대해서도 아이는 어른들이 당연하게 생각하는 구별을 할 줄 모릅니다. 아이는 인형도 동물과 다름없이 살아 있는 존재라고 여깁니다. 거꾸로 동물을 마치 아무런 의지도 없는 장난감인 양 다루기도 하지요…… 적과 친구를 구별하기까지도 많은 시간이 필요합니다. 의심할 줄 모르는 아이의 순진함은 바로 여기서 비

롯됩니다…… 아이에게는 목표와 목표를 실현할 수단에
대한 의식 역시 아직 없습니다. 그러나 이렇게 말한다고
해서 아이가 제 의지를 확실한 방식으로 관철시킬 수 없
다고 생각해서는 안 됩니다. 아이는 그것을 성찰이 아닌
본능을 통해서 이루어냅니다. 인과관계에 대한 인식도 한
참이 지나서야 찾아옵니다.

　아이의 이러한 내적 상태가 껍질이 되어, 아이는 그 속
에서 평화롭게 자랄 수 있는 것입니다. 그래서 이 껍질에
상처를 낸다면, 가령 어리석은 부모가 아이를 너무 조숙
하게 키운다면, 또는 부모가 유도하는 대로 아이가 사람
들에게 뭔가 보여주려 하거나 어떤 역할을 연기하거나,
어떤 목표를 달성하려 하거나, 거짓말을 하거나 하게 된
다면, 그 결과는 치명적입니다. 물질적 궁핍과 같은 외부
현실의 조건은 더욱 근원적인 영향을 미칠 수 있습니다.
이로 인해 아이는 너무 일찍 목적지향적 사고방식을 가지
거나, 하루하루 먹고사는 걱정에 빠지게 됩니다. 또 아주
좁은 집에 살 경우 아이는 어른들과 지나치게 밀착됨으로

26

써 어른들의 본능적 욕망, 위선, 악덕을 너무 일찍 보고 배우게 됩니다.

이런 맥락에서, 국가가 아이를 부모에게서 빼앗아 국가적 목적에 동원하고 교육하는 것은 정말 최악의 경우라고 해야 할 것입니다.

이처럼 통일적인 아이의 세계로부터 '아이는 순진무구하다'는 인상이 생겨납니다. 순진무구함이 아이의 감정과 활동의 직접성을 가리키는 것이라면, 또는 아이가 사물에 접근하는 방식을 가리키는 것이라면 그렇다고 할 수 있습니다. 그러나 윤리적인 관점에서 볼 때 그것은 틀린 생각입니다.

그저 감상적인 생각에 빠져 있지 않고 한 인격체로서 아이의 운명을 생각하는 진짜 엄마라면 아이에게서 이기적이고 무자비하며 잔혹한 본능이 얼마나 일찍부터 나타나는지 잘 알 것입니다. 형제자매 사이에서 볼 수 있는 적대적 태도와 행동을 생각해보세요. 여러분은 또한 아이들이 때로 대단히 교활하고 또 잘 위장할 줄 안다는 사실에 놀란 적도 있을 것입니다.

그러나 이 모든 것들은 아직 보호된 삶의 맥락 속에 감싸여 있습니다.

아이는 이 껍질 속에서 성장할 수 있어야 합니다. 그렇다고 껍질 속에 계속 머물러서는 안 되고, 성장을 통해 고유한 의지와 독립성을 향해 나아가야 합니다. 그 과정에는 물론 여러 장애물들이 있습니다. 예컨대 아이를 늘 어린아이로만 취급하는 부모의 성향—이는 특히 너무 "엄마 같은" 엄마 혹은 권위적이기만 한 아빠에게서 잘 나타나는데—이 그런 장애물에 속합니다. 그것은 자기애와 지배욕이 결합되어 나타나는 욕망입니다. 그러나 문제는 안주하려는 아이의 태도에도 있을 수 있습니다. 노력하여 열린 공간으로 나아가기를 꺼리고 마냥 둥지를 떠나지 않으려 하는 것입니다. 이런 원인들, 또는 이와 유사한 원인으로 인해 유아적 상태가 고착화될 위험이 생겨납니다. 어린애 같은 태도가 다음 삶의 시기까지 이어지는 것이지요. 심지어 그런 성향을 은밀하게 속에 품은 채 노년에까지 이르는 사람들도 있습니다.

바로 이 지점에서 아이의 교육을 맡은 어른에게 중요한 과제가 주어집니다. 아이들이 주도적으로 자기 나름의 길을 찾아갈 수 있게 놓아주는 것이 그 과제입니다. 아니, 더 정확히는 자기 나름의 길을 찾도록 자극을 주고 거기에 익숙해지도록 교육하는 것입니다.

성숙의 위기

1

이렇게 유년의 삶은 점차 변해갑니다. 부모와 가정의 보호는 조금씩 느슨해집니다. 다른 사물, 사람, 사건 들과의 접촉이 빈번해지면서 외부 세계가 침투해 들어오고 아이는 이것들을 그 자체로 의식하게 됩니다. 이 과정은 아이가 경제적으로, 사회적으로 열악한 환경에 처해 있을 때, 또는 부모의 사랑이 부족한 상태로 방치되어 있을 때 그만큼 더 빠르고 거칠게 진행되지요.

영혼의 보호막도 약화됩니다. 아이는 경험을 통해 친구와 적을 뚜렷이 구별하게 되는데, 경우에 따라 그런 경험은 아주 일찍 찾아오기도 합니다. 아이는 어떻게 하면 이

롭고 어떻게 하면 손해를 입는지 구별할 줄 알게 됩니다. 목표를 인식하고 그것을 달성하는 법을 배웁니다. 선과 악을 구별하고 권리를 위해 싸우는 법 등을 배웁니다.

이런 배움의 과정이 진전됨에 따라 큰 아이, 즉 소년과 소녀의 시기가 시작됩니다. 이 단계는 이전 단계와 구별되는 고유한 특성을 나타내고, 고유한 과제를 던져줍니다. 물론 여기서 이 모든 것을 다 자세히 다룰 수는 없습니다.

2

소년, 소녀의 시기에 내면의 결정적 위기는 개인으로서의 자기주장 욕구와 성적 욕망이라는 두 가지 근본 충동이 영혼을 사로잡을 때 찾아옵니다.

먼저 전자에 대해 이야기하자면, 유년기에 자기주장의 욕구가 아예 나타나지 않는다고 할 수는 없을 것입니다. 우리가 쉽게 관찰할 수 있는 것처럼 아이들은 아주 일찍부터 능숙하게 자기 뜻을 관철시킬 줄 압니다. 엄마들이 잘 알고 있듯이 어린 아기조차 지금까지 유일한 자식으로서 혹은 막내로서 엄마 아빠의 관심을 한 몸에 받다가 동생이 태어나 그 지위가 흔들리면 심한 질투를 부립니다. 형제자매를 굴복시키려 하는 아이들의 지배욕도 부모와 보육 교사들이 익히 알고 있는 바입니다. 아이는 손님들 앞에서 인정받기 위해 짐짓 연기를 하기도 합니다. 그러나 이 모든 것은 소박하고 본능적인 차원을 넘어서지 못합니다. 자기를 관철시키려는 욕구가 진짜 위기를 불러오는 것은 인격의 각성 이후의 일입니다. 즉 위기는 타인들과 구별되는 존재가 되고자 하는 의식과 함께 시작되는 것입니다.

바로 이로 인해 어린 자아 감정은 쉽게 상처를 입습니다. 과도하게 자기를 강조하는 태도는 오히려 아직 자아가 매우 불안정하다는 것을 말해줍니다. 성숙해가는 젊은이는 끊임없이 권위에 반항하고, 다른 사람들이 무슨 말을 해도 단지 다른 사람의 말이라는 이유만으로 들으려

하지 않습니다. 그러면서도 다른 한편으로는 최신 유행에 영합하는 것이라면 어리석기 짝이 없는 생각에도 쉽게 휩쓸리지요.

이러한 성장 과정의 목표는 타인과 구별되는 고유한 자아를 정립하고, 자유와 책임을 가진 인격으로 서는 것, 그리하여 세계에 대해 스스로 판단하고 세계 안에서 자신의 고유한 자리를 마련하는 것입니다. 그러한 자아가 됨으로써 다른 사람들을 향해 나아가는 길이 열립니다. "나"로서 "너"를 말할 수 있게 되는 것입니다.

성숙의 위기를 초래하는 또 다른 원인은 성적 충동의 깨어남입니다. 물론 부모와 보육 교사들은 그 이전에도 성적 충동이 나타난다는 것, 그러므로 아이의 순진무구함에 관한 이야기들이 거짓된 감상적 미사여구에 불과하다는 사실을 잘 알고 있습니다. 실제로 성적 충동은 아주 어린 아기 때부터 일어나기 시작하고, 그 이후로 반복해서 작용합니다. 다만 유아기의 성적 충동은 아직 산만하고 흐릿한 성격을 지니는 까닭에 다른 성에 속하는 인간과의 마주함에 대해 알지 못합니다. 그것은 곧 개인으로서 타인과의 인격적 마주함을 알지 못한다는 의미이기도 합니다. 본격적인 성적 충동은 수정과 수태를 위한 신체 조건이 갖추어지는 시기에 비로소 등장합니다.

이 시기의 소년, 소녀에게는 권위적인 명령이나 윤리적, 종교적 영향력이 거의 먹혀들지 않게 됩니다. 지금까지 아이의 성장을 가능하게 하는 동시에 아이를 부모와 가정의 생활 영역 속에 엮어주는 역할을 해온 저 껍질은 이제 급격하게 쪼그라듭니다. 그리고 주위 환경에 대한 반항심이 생겨나지요. 이 반항심의 핵심에는 아직 제대로 이해되지 않은, 혹은 인격적 실존 전체의 질서 속에 제대로 수용되지 않은 성 충동이 놓여 있습니다. 이로 인해 주변 세계와의 연관 관계를 상실한 어떤 비밀이 생겨나고, 그것은 환상과 위장, 기만의 원인이 됩니다.

따라서 이 시기의 교육이 달성해야 할 목표는 다음과 같은 것입니다. 한편으로 소년, 소녀에게 새롭게 시작된 삶의 현실을 직시하고 인정하며, 그들이 그것을 뭔가 부당한 것이라고 생각하지 않게 해야 합니다. 동시에 새로운 현실이 질서 속에 편입될 수 있도록 도와주기도 해야 할 것입니다. 그들이 이에 대해 인격을 걸고 책임을 질 줄 알며, 명예를 해치지 않는 한도 안에 머무를 수 있도록 말입니다.

이런 변화와 성장 뒤에 자유롭게 자신의 인격적 존재를 실현하고 생동하는 삶의 욕망을 충족시킬 준비가 된 성년의 젊은이가 태어납니다.

하지만 이렇게 되는 과정에는 몇 가지 위험이 도사리고 있습니다. 인격의 측면에서는, 독립을 향한 발걸음을 내디디지 못하고 의존적인 삶에 주저앉거나, 반항하는 자세를 고집하며 질서에 대한 자유로운 긍정을 배우지 못하게될 위험이 있습니다. 그리고 성적인 삶의 측면에서는, 문턱을 넘을 용기가 나지 않아 진정한 의미의 아빠 또는 엄마가 되지 못하거나, 섹스에 탐닉하여 명예와 책임을 동

반하는 진정한 사랑에 이르지 못할 가능성에 유의해야 할
것입니다.

바로 이러한 위험을 극복하는 것은 성숙해가는 인간 자
신의 과제이자, 또한 부모와 교사의 교육적 목표이기도
합니다.

청년

1

이 위기들을 통과하고 나면 청년이라는 삶의 형식이 형성됩니다.

이 형식은 묘사하기가 쉽지 않습니다. 왜냐하면 이 안에는 너무나 많은 것들이 생성 과정에 있고, 또 너무나 많은 것들이 서로 대립하고 있기 때문입니다. 게다가 우리 시대의 대사건들, 그리고 그러한 사건들의 바탕에 놓여 있는 삶의 구조의 혁명적 변동은 청년이라는 삶의 형식에도 많은 변화를 가져왔습니다. 그래서 이 장의 서두에서 언급했던 것처럼 삶의 형식에 대한 대강의 스케치가 안고 있는 한계를 여러분에게 다시 한 번 상기하고자 합니다.

청년은 성장 단계의 위기를 통과하면서 만난 자기 자신의 자아를 나름대로 장악하려 노력합니다. 그는 자아 속에서 중심을 잡고, 자아의 입장에서 출발하여 세계와 대결하며, 세계 속에서 자신만의 일을 시작합니다…… 그는 이제 자신의 생동하는 힘을 의식하면서 그 속에 새로운 생성과 경험의 가능성이 들어 있음을 느낍니다. 그러나 그는 이 힘을 긍정하면서 일정한 질서 속에 묶어두어야 한다는 과제 역시 의식하게 됩니다. 참된 성취를 위해 자신의 힘을 소중히 아끼고 일정한 형태로 만들어나아가는 것이 청년의 과제가 됩니다.

이 새로운 삶의 형식의 근본 성격은, 제가 올바로 본 거라면, 두 가지 계기를 통해 규정됩니다. 하나는 긍정적인 계기로서, 힘차게 샘솟는 생명력과 자기를 강조하는 개성입니다. 그리고 다른 하나는 부정적인 것으로서, 현실 경험의 부족입니다.

이러한 두 가지 계기로부터 세계는 무한히 열려 있고

자신의 힘 역시 무한하다는 감정이 생겨납니다. 삶이 자신에게 예상을 뛰어넘는 무언가를 선사할 것이라는 기대, 자신이 어떤 대단한 일을 해낼 수 있을 거라는 믿음이 생기는 겁니다. 그것은 무한을 지향하는 태도입니다. 이때 무한이란 아직 검증받지 못한 초심자의 무한으로서, 무조건적인 성격을 지닙니다. 그래서 청년에게는 타협을 거부하는 순수함, 진실한 이념과 올바른 신념만 있으면 현실을 바꾸고 바로 세울 수 있을 거라는 확신이 있습니다. 그러나 그것은 섣부른 판단과 행동의 원인이 되기도 합니다. 그리고 아직 인격적으로 불안정한 존재인 만큼, 그러한 경향은 더욱더 과격한 양상을 띨 수 있습니다.

　이미 말씀드렸다시피, 청년에게는 현실 경험이 없습니다. 그건 그럴 수밖에 없는 일입니다. 청년은 현실의 맥락과 연관 관계에 대한 지식이 없으며, 스스로 할 수 있는 일은 무엇이고 다른 사람들이 할 수 있는 것은 무엇인지, 또 인간 일반이 무엇을 할 수 있는지 잘 가늠하지 못합니다. 존재가 얼마나 끈질긴 것인지, 존재가 얼마나 강하게 의지에 저항하는지도 알지 못합니다. 이 때문에 청년은 착각에 빠질 위험이 굉장히 큽니다. 신념의 무제약성을 곧 신념의 관철을 가능하게 하는 힘으로 오해하고, 이념의 위대함을 실천적 가능성과 혼동하는 것입니다. 무슨 일이든 성취하기 위해서는 인내심이 반드시 필요하지만, 청년에게 그것은 너무나 따분한 요구일 뿐입니다.

이 시기는 이념과 소신의 힘이 과대평가되는 자연스러운 이상주의의 시기입니다. 이때 삶에 결정적인 의미를 지니는 과정이 정말 일어날 것인지, 즉 올바른 깨달음이 정말 현실 속에 구현될 수 있을지, 아니면 이념과 신념의 힘이 그저 현실의 표피만을 건드리고 지나가버릴지는 아직 불확실한 상태로 남아 있습니다.

이 시기는 또한 전형적으로 때 이른 재능이 발현되는 때이기도 합니다. 뛰어난 두뇌, 창의성, 예술적 재능, 리더십 등으로 놀라운 업적을 이루어내는 청년들이 드물지 않지만, 과연 그러한 재능이 장차 지속적으로 펼쳐질 수 있을지는 아직 불확실합니다. 이 재능들은 상상력과 용기로 현실을 뛰어넘는 젊은 생의 추동력에 기대고 있습니다. 그러니까 재능이라고 여겨지는 것의 상당 부분이 실은 이러한 젊음 자체의 표현에 불과한 것이죠. 재능이 계속 살아남을 것인지는 나중에 가봐야 비로소 알 수 있습니다.

아마 여러분은 이렇게 이의를 제기할지도 모르겠습니다. 제가 이 시기의 이상주의에 관해 이야기한 것이 실제로 이전 세대, 그러니까 청년이 거친 현실로부터 보호받을 수 있었던 시대에 더 적합한 이야기가 아닌가 하고 말입니다. 요즘 젊은 세대에게는 아무런 환상도 없다, 이 세대는 히틀러의 제3제국과 전쟁, 전후의 세계를 겪으며 배운 것이 있다. 그들은 냉소적이라고까지는 할 수 없더라도, 현실주의적이고 회의적이다, 이런 식의 반론이 나올 것 같기도 합니다.

"이상주의"라 불리는 것의 이미지를 과거에서 끌어온다면, 그리하여 이상주의를 열광적인 태도, 세계를 미화하는 경향과 결부시킨다면, 위의 반론의 많은 부분이 타당하다고 할 수 있을 것입니다. 그러나 여기서 저는 그런 의미의 이상주의를 얘기하는 것이 아닙니다. 제가 주목하는 것은 오히려 현실을 경험하는 방식의 문제입니다. 외견상 현실주의로 보이는 것도 실은 아주 비현실적일 수 있습니다. 회의주의 같지만 사실은 지독한 이상주의일 수도 있지요. "경험"이 있다는 것은 그저 선이 얼마나 자주 패배하는지, 이 세상에 악이 얼마나 많은지 등을 안다는 뜻이 아닙니다. 경험의 핵심은 이러한 사실을 올바른 방식으로 인식하는 데 있습니다. 즉 이러한 사실을 인간의 본질과 역사적, 사회적 현실 전체, 그리고 무엇보다 일상의 평범한 순간들이 가진 영향력과 올바르게 연관지어 이해해야 한다는 이야기입니다. 이 모든 것은 아직 청년이 감당할 수 있는 영역 밖의 일입니다. 만약 그럴 수 있는 청년이 있다면, 그는 청년이 아니라 조로한 인간이라고 봐야 할 것입니다. 유감스럽지만, 조로한 인간은 당연히 있을 수 있고, 아마도 요즘 들어 그런 사람들이 더 많아졌

다고 할 수도 있을 겁니다. 하지만 조로한 인간이 자기를
청년의 기준으로 내세우거나 선전할 일은 아닙니다. 이는
혼자서 얌전히 해소해야 할 문제일 뿐이며, 그것으로 다
른 사람들의 삶의 형태까지 어지럽히려고 해서는 곤란합
니다.

　이 시기에는 또한 무조건적인 것, 절대적인 것에 대한
강한 감정으로부터 삶을 좌우하는 결단의 용기가 나오기
도 합니다. 가령 직업 선택이 그런 결단의 하나라고 할
수 있겠죠. 이 선택은 때로 정말로 대담한 모험이 되기도
합니다. 현실―자신의 능력과 주변 환경 등―에 대한 냉
철한 인식이 결여된 상태에서 자신의 미래 전체를 규정
하게 될 발걸음을 내디뎌야 하기 때문입니다. 그것은 특
히 특정 직업을 선택할 만한 외부적 여건이 주어지지 않
거나 재능이 너무 다양해서 그중 어떤 것을 골라야 할지
몰라 내적 갈등 상태에 빠지는 경우 더욱 어려운 문제가
됩니다. 그러나 다른 한편으로는 바로 세계에 대한 현실

주의적 인식이 결여되어 있기에 그런 대담한 모험이 가
능하다고 말할 수도 있을 것입니다. 청년의 대담한 결단
이 평범한 것에서 벗어나는 방향으로 나아갈 경우, 거의
영웅적인 아우라가 생겨납니다. 이렇듯 이 시기의 청년
은 나중에는 결코 엄두도 내지 못할 결단을 내릴 수 있는
것입니다.

또한 그렇기 때문에 커다란 유혹의 위험이 있습니다.
자신의 목적을 달성하려는 냉정한 계산에 따라 솟구쳐 오
르는 청년의 고결한 정신을 이용하려는 사람들이 존재하
기 때문입니다. 이는 정치를 들여다보면 아주 분명하게
드러납니다. 젊은 삶의 힘을 악용하는 것이 곧 정치의 기
본적 방법이라는 것을 여러분은 쉽게 확인하실 수 있을
것입니다.

청년은 다른 사람에 대해서도 결단을 내립니다. 타인을
향한 사랑의 모험을 감행할 때 말입니다. 사랑—단순히
신체적이거나 감상적인 사랑이 아니라 실제적인 사랑, 즉
전 인격이 걸린 사랑을 말합니다—의 첫 단계에서 개인은

가족이나 혈족의 맥락에서 떨어져 나와 스스로 삶의 새로
운 중심이 되어야 한다는 과제를 짊어집니다. 이 과제가
얼마나 큰 도전이며 모험인지는 두말할 나위도 없을 것입
니다. 그리고 그러한 모험은 미루면 미룰수록 더 실행하
기 어려워진다는 것도 잘 아실 겁니다. 사랑의 경우에도
무진장한 성취의 가능성이 놓여 있습니다. 물론 착각과
좌절의 가능성도 크지요.

2

우리는 이제 청년의 시기에 등장하는 윤리적 문제를 다
룰 차례입니다. 그러나 이 작업을 제대로 하기 위해서는
그 이전으로 거슬러 올라가야 합니다.

여러분은 아마 유년기와 사춘기의 위기에 관한 서술에
서 각 시기마다 제기되는 윤리적 문제들에 관한 언급이
없었다는 점을 상기하실 것입니다. 앞에서 제가 그 문제
를 빼놓은 것은, 이를 이후 시기의 문제와 엮어서 한꺼번

에 다루는 것이 가장 효과적이라는 판단 때문이었습니다. 그렇다면 유년기의 윤리적 과제는 어떤 것일까요? 우선 이렇게 답해볼 수 있겠습니다. 다른 삶의 단계에서도 그러하듯이, 이 단계에서도 윤리적 과제는 역시 선을 실현하는 것입니다. 그런데 선이란, 이미 이전의 강의에서 살펴본 것처럼, 내용의 측면에서는 무한하고 형식의 측면에서는 단순한 것입니다. 따라서 선은 결코 그냥 실현할 수 있는 것이 아니고, 우선 세분화와 분류 작업이 선행되어야 합니다. 그리고 이를 위해서는 다시 상황이 필요합니다. 선은 항상 어떤 상황 속에서 특별한 절박함을 띠고 나타납니다. 다시 말해, 지금, 여기, 특수한 사정 속에서 요구되는 선으로서 나타난다는 말입니다. 그럴 때만 선을 인식하고 명명하고 또 실천할 수 있는 것입니다.

그러면 유년기에 요구되는 선은 무엇일까요? 아이의 삶의 형식 안에는 상이한 가치들이 들어 있습니다. 이들 가치는 아이의 삶이 진행되는 가운데 점차 그 가능성과 필요성을 드러내는데, 질서, 순수, 정직, 친절, 성실, 순종

등을 그러한 가치로 꼽을 수 있겠습니다. 이들은 모여서 하나의 이미지, 하나의 가치형상을 형성합니다. 가치형상은 하나의 가치중심, 즉 하나의 지배 요인에 의해 규정되는데, 유년기 가치형상의 지배 요인은 다름 아닌 성장입니다. 아이의 성장은 너무나 근본적이고 또 특징적인 것이어서, 심지어는 눈으로 직접 성장의 과정을 관찰할 수 있을 듯이 느껴지기도 합니다. 아이들은 신체적으로나 정신적으로나 매우 빨리 변해갑니다. 성장은 때로 일정 기간 집을 비웠던 어른만 느낄 수 있을 정도로 점진적으로 진행됩니다. 그렇지만 아이들은 때로—가령 병을 앓는다거나 이사를 한다거나 혹은 새로 가족의 일원이 된 사람의 영향으로—한번에 확 자라기도 합니다.

그러면 이제 우리가 앞에서 이야기했던 내용을 떠올려봅시다. 즉 삶의 개별 시기들과 삶 전체 사이의 관계에 대해서 말입니다. 아이는 단지 자라기 위해서만 존재하는 게 아닙니다. 아이는 또한, 아니 그 무엇보다도, 아이로서 이미 한 명의 인간이며 바로 그러하기에 존재하는 것입니다. 왜냐하면 인간은 삶의 모든 시기에 똑같이 삶을 영위하고 있기 때문입니다. 이때 전제가 되는 조건은 삶의 각 시기를 각각의 내적인 의미에 부합하게 참되고 충만하게 살아야 한다는 것이죠. 그래서 진짜 아이는 진짜 어른 못지않게 인간인 겁니다. 성장은 하나의 길, 생성과 변화의 길입니다. 여기서 다시 괴테의 말을 떠올려보아야 할 것 같습니다. 괴테는 말합니다. 인간이 걷는 것은 단지 어딘가에 도달하기 위해서만이 아니라, 걸어감 속에서 살기 위해서이기도 하다고.

껍질로 보호된 상태에서 자라는 삶의 형식은 두 번 다시 반복되지 않습니다. 그런데 이것은 삶 전체를 두고 보면 필수적입니다. 이후의 모든 것을 떠받쳐줄 어떤 무의식의 층이 이 껍질 속에서 만들어집니다. 존재의 뿌리는 그러한 무의식의 층 깊은 곳까지 뻗어 내려가며, 그 속에서 삶 전체를 지탱해줄 자양분을 얻게 됩니다. 그래서 이 시기를 제대로 살아내지 못하면 나중에 제대로 결실을 거둘 수 없는 것입니다. 인간은 아이였을 때 바라본 세계를 두 번 다시 볼 수 없습니다. 아이 때 경험한 삶의 통일성은 다시는 경험할 수 없습니다. 이후 나타나는 현실 세계, 수많은 구별을 통해 일정한 질서를 갖춘 현실 세계는 이 통일성의 토대 위에서라야 명확한 상을 이룰 수 있습니다. 또한 이 세계를 끊임없이 교정하고, 심화시키며, 영혼이 충만하여 살 만한 곳으로 만들어주는 것도 바로 유년기의 통일성인 것입니다.

다소 역설적으로 들리겠지만, 잠자리에서 동화를 듣지 못하고 동화의 세계를 체험하지 못한 채 자란 아이는 나중에 커서 과학의 완전한 가치가 무엇인지, 그 가치가 어떤 한계 안에서 타당성을 지니는지 잘 알 수 없을 것입니다. 역사 전체의 관점에서도 비슷한 이야기를 할 수 있습니다. 고대의 신화적 체험 형식과 중세의 상징 중심적 직관 방식이 제각기 일정한 체험의 층을 형성해놓지 않았더라면, 근대 과학은 전혀 불가능했을 것입니다. 전체 역사의 차원에서든 개인사의 차원에서든, 삶의 특정 시기를 그 이전 시기가 지향해야 할 목적으로 설정하는 것은 잘 못입니다. 우리 시대에 대한 오만한 자화자찬이 얼마나 잘못된 것인지는 두말할 나위도 없겠지요. 그렇습니다. 어른이 되기 위한 존재로만 간주되고 그렇게 길러진 아이 는 결코 올바른 어른이 되지 못합니다. 정말로 잘 살아낸 유년 시절은 시간적으로 성년이 되기 전의 단계로 그치지 않고, 삶의 항구적 요소로 남아 그 이후의 삶 전체에 계속 영향을 미치게 됩니다.°

그러나 역시 아이는 본질적으로 자라나는 존재이므로, 유년기의 윤리적 가치, 다시 말해 올바른 성장에 대한 책 임은 이미 성장한 사람들에게 있습니다. 그러니까 부모와 손윗동기, 유치원과 학교의 교사 등이 그런 책임을 맡고 있는 것이죠.

○ 이와 관련하여 릴케의 심오한 시 「들어라, 유년은……Laß Dir, daß Kindheit war…」을 참조할 것.

아이의 삶은 두 개의 극 사이에서 움직입니다. 자신의
고유한 인격과 교육자의 인격이 그것입니다. 여기서 교육
자란 아이의 성장에 책임이 있는 사람 전부를 대표하는
이름입니다. 교육자의 중요성은 아이가 어릴수록 커집니
다. 그래서 유년 시절의 윤리적 문제는 일차적으로 교육
자의 문제입니다. 그리고 성장은 그것이 점차 아이 스스
로의 문제로 되어간다는 것을 뜻합니다.

그렇다면 도대체 교육자는 무엇을 해야 할까요?

3

현대 교육학의 거장인 헤르만 놀Hermann Nohl은 언젠가
이렇게 말했습니다. "교육자란 어른들의 이해관계와 관심
에 맞서 아이들의 삶의 소망을 대변하고 지켜주는 사람이
다." 그것은 물론 아이들의 본능에 맞서야 하는 과업이기
도 합니다. 놀은 이러한 인식에서 아이가 정말로 아이다
워질 수 있도록 하는 데 굉장한 노력을 기울였습니다.

그렇다고 해서 아이는 그저 놀기만 하면 되고 생활 규율이 필요 없다는 얘기는 아닙니다. 다만 성장의 토대가 되는 이 두 가지 요소, 즉 놀이와 규율이 올바른 비율을 이루어야 한다는 것이죠. 교육자는 아이가 질서에 적응하는 법을 배우도록 신경 써야 합니다. 아이가 자신의 충동과 본능에 형식을 부여하는 법을 배우고, 가정과 학교에서 필요한 일들을 하는 법을 배우도록 해야 합니다. 그러면서도 아이가 자기 자신의 삶을 살아갈 수 있도록, 놀이를 위한 자유로운 공간을 누릴 수 있게 해주기도 해야 하는 것입니다.

"놀이"라는 짧은 단어에는 매우 풍부한 내용이 담겨 있습니다. 어떻게 보자면 아이다운 자발적이고 즉흥적인 모든 활동이 곧 놀이라고 할 수 있을 것입니다. 그러니까 놀이란 자기 외부에서 주어지는 어떤 목적에 의해 규정되는 활동이 아니며, 노는 것 자체에 내재하는 의미와 충동이 놀이의 본질을 이루는 것입니다. 놀이는 속에서 저절로 나오는 행위로서, 삶의 자유로운 전개를 촉진합니다. 놀이는 상징입니다. 놀이라는 상징은 세계를 해석하고 이로써 삶의 본질을 파악하게 해줍니다. 또한 놀이는 제의이기도 합니다. 놀이라는 제의 속에서 아이들의 통일적 세계가 실현됩니다. 여기서 중요한 말씀을 드려야 할 것 같습니다. 그리고 이것은 특히 강조해둘 필요가 있습니다. 더 이상 놀 줄 모르게 된 어른이 여기서 얼마나 많은 것을 망쳐놓는지 모릅니다. 그러한 어른들의 잘못된 목적 만능주의와 좁아터진 합리주의가, 아이들을 유능하게 만들고 일찌감치 직업 준비로 내모는 그들의 욕심이, 그들이 개발한 테크니컬한 장난감들이, 또 그 밖의 많은 것들이 놀이의 세계를 파괴하고 있는 것입니다.° 교육자는 아이들의 자발성이 발휘될 수 있는 공간을 만들어주어야 합니

○ 이런 맥락에서 최근 불고 있는 아동 예술의 유행이 얼마나 큰 폐해를 끼치고 있는지 지적해두어야 할 것이다. 그러한 아동 예술은 본래 아무도 지켜보지 않고 의도적으로 조장하지도 않아야 할 자연스러운 아이의 유희 충동을 의식적인 활동으로 만듦으로써 성인 예술의 특수 분야로 전락하고 만다.

다. 저 위대한 교육가 마리아 몬테소리가 이룬 필생의 업적은 이에 대한 좋은 사례입니다. 그녀의 뜻에 따라 운영되는 학교를 가본 사람이라면, 아이들 속에 들어 있는 창조성을 끄집어내고 발전시키기 위한 몬테소리의 노력을 쉽게 잊을 수 없을 것입니다.

어른들은 아이를 강제로 훈련시키려 해서는 안 됩니다. 아이가 스스로 삶의 동기를 찾고 자신감을 얻도록 도와주어야 합니다. 아이를 감싸고 있는 보호막이 아주 천천히 느슨해지도록 세심하게 신경을 쓰고, 아이에게 뒤를 받쳐주는 존재가 있다는 믿음을 주는 동시에 그러한 의존 상태에서 벗어날 준비를 할 수 있게 해주어야 합니다.

핵심적인 윤리적 가치들은 사람들이 "성품"이라고 부르는 것으로서, 진실성, 명예심, 신의, 용기, 지조 등이 여기에 포함됩니다. 그것은 인격의 근본에 관련된 가치들이지만, 이에 관한 교육은 충분히 이루어지지 못하는 경우가 많습니다. 이러한 가치들은 자기 자신을 발견해가는

청년에게 특히 필요한 것입니다. 그런데 청년은 이 가치
의 필요성을 더욱 예민하게 느끼면서도, 여기서 나오는
요구를 가능하면 피하고 싶어하기도 합니다. 이러한 인격
의 핵심 가치가 실현될 때 비로소 진정한 윤리적 인간이
완성되는 것입니다. 또한 바로 그렇기 때문에 그것은 대
단히 어려운 과제라고 할 것입니다.

덧붙이자면, 지금 언급한 가치들은 종종 교육자들 자신
에게도—특히 가장 저항이 적은 길을 선택하고 보려는 평
범한 교육자들이라면 더더욱—불편하게 느껴질 수 있습니
다. 그래서 그들은 이러한 가치를 장려하는 대신 아이들
에게 그저 착하고 고분고분하며 주어진 규정만 잘 지키는
그런 사람이 되기를 요구하곤 합니다.

인격의 핵심 가치를 형성하는 과정에서 교육자가 분명
히 알고 있어야 할 것은 다음과 같습니다. 아이에게 가장
강력한 영향을 끼치는 것은 교육자의 말이 아니라 그의
존재와 행동이라는 사실입니다. 그의 존재와 행동에서 일
정한 분위기가 만들어집니다. 그리고 아이들은 반성적 사

고를 거의 하지 못하기 때문에 무엇보다도 분위기를 통해 주위의 영향을 받아들입니다. 우리는 이렇게 말할 수 있습니다. 아이들에게 가장 먼저 영향을 미치는 것은 교육자의 존재 자체이고, 그다음은 행동이며, 말은 맨 마지막에 온다는 것입니다.

이러한 과업의 윤리는 그래서 유달리 까다로운 것입니다. 이 과제가 성취되는 정도만큼 사춘기의 위기는 경감됩니다.

사춘기 위기의 어려움은 내면의 동요, 알면서도 알지 못하는 애매한 상태, 자기 자신이 되려는 의지는 있으나 아직은 그렇게 될 수 없다는 모순에서 초래됩니다. 여기서 우리가 이야기했던 사춘기의 반항이 시작됩니다. 이는 주체적인 인격으로서 스스로 해방되고자 하지만 아직 무기력하다는 것을 뜻합니다. 앞서 이야기했던 비밀 역시 마찬가지입니다. 주변에서 알지 못하는 비밀스러운 마음속에서는 자신의 생명력을 끌어내어 무언가를 하고 싶고 또 해야 한다는 감정과 그렇게 하는 것은 곧 부모님이나 선생님의 의지에 반하는 행동이라는 느낌이 함께 섞여서 작용하고 있지요. 하지만 처음부터 안정적인 상태에서 자립의 길로 인도되어온 아이는 위기 국면에 들어설 때에도 더 자신감을 가질 수 있고, 위기를 한결 쉽게 견뎌낼 수 있습니다.

4

이 모든 맥락을 고려하면, 청년, 다시 말해 사춘기의 위기를 통과하고 성년이 되어가거나 성년이 된 사람에게 주어지는 과제를 더 잘 이해할 수 있을 것입니다.

다시 한 번 하나의 가치형상을 떠올려봅시다. 그 속에는 진실성, 용기, 순수함, 충성심, 명예, 질서, 신중함, 근면 등의 상이한 개별 가치들이 포함되어 있습니다. 이들을 엮어주는 하나의 중심, 하나의 지배 요인은 청년이 스스로를 떠맡아야 한다는 요구입니다. 여기서 떠맡는다는 말은 우리가 어떤 과제를 떠맡는다고 말할 때와 같은 의미에서 쓰인 것입니다. 그는 자기 자신을 받아들이고, 자기 자신을 옹호합니다. 그는 스스로 책임을 떠맡습니다. 기존의 질서 앞에서, 그리고 자기 개인으로서의 인격 앞에서 말입니다.

이 두 가지 모두 중요합니다만, 일단 개인적 인격에서 이야기를 시작하려고 합니다. 그것이 특히 오늘날 위협받고 있다고 여겨지기 때문입니다. 오늘날 윤리의 투쟁은 더 이상 제2차 세계대전 발발 전 시기처럼 기존의 질서를 무시하고 자신의 권리와 자기만의 방식을 막무가내로 관철하려는 개인주의를 상대로 한 것이 아닙니다. 오늘의 문제는 오히려 개인을 전체 속에 매몰시키는 집단주의에 있습니다. 도처에 개인을 장악하고 지배하는 조직과 단체가 난립하고 있습니다. 역사란 필연적 과정이며 개인은 그 속의 한 요소일 뿐이라는 생각이 도처에서 개인을 위협합니다. 우리는 이에 대항하여 다음을 분명히 인식해야 합니다. 전체는 오로지 독립적인 개인들에 의해 형성될 때, 그리고 독립적인 개개인의 인격에 주의를 기울이고 그들에게 공간을 열어줄 때 비로소 인간적일 수 있다는 것, 그리고 역사는 모든 개인에게서 각각 새로이 시작될 때 인간적일 수 있다는 것을 말입니다……

그래서 청년의 나이대에서 요청되는 윤리의 핵심은 바로 자기 자신에 대한 용기입니다. 자신의 인격과 그에 따른 책임을 향한 용기, 스스로 판단하고 스스로 일하며 자신의 생명력과 그것이 지닌 미래 지향적 힘을 발휘하고자 하는 용기 말입니다…… 변화의 와중에 있는 인간에게 가장 커다란 위험은 "세인Man"이 되는 것입니다. "세인"이란 인간이 어떻게 생각하고 판단하고 행동해야 하는가에 관하여 정당, 신문, 영화 등이 퍼뜨리는 익명의 도식이며, 규제와 규율, 관과 기타 조직, 또는 개인의 삶에 간섭하는 국가 권력의 강압입니다. 이런 것들이 모든 것을 지배할 때, 개인의 인격은 곧바로 무력해집니다. 그러므로 청년은 스스로 생각하고 판단하는 법을 배워야 합니다. 그는 이미 완제품처럼 주어져 있는 이론적 또는 실천적 처방에 대한 건강한 불신을 품어야 합니다. 그는 자신의 자유에 따라 스스로를 주장할 수 있어야 합니다. 물론 이 말은 무엇이든 제멋대로, 방종하게 행해도 된다는 뜻이 아닙니다. 다음과 같은 점을 차분히 생각해보는 것이 좋겠습니다. 익명의 의견이 가진 은밀하고 암시적인 영향력이 강력해질수록, 개인의 인격과 삶에 대한 국가 권력의 공세가 거세질수록, 진정한 의미의 질서는 약해집니다. 왜냐하면 진정한 질서란 자유와 책임에 의해서 생성되는 것이니까요. 강제와 세뇌는 질서의 반대입니다. 이들은 그저 외적으로 꼼짝 못 하게 붙들어매는 작용을 할 따름입니다. 그 속에 붙잡혀 있는 인간은 오히려 점점 더 무질서해지고, 참된 형식을 이룰 가능성에서 점점 더 멀어집니다. 폭력과 세뇌는 반작용으로서 무정부 상태를 불러옵니다. 어떤 사람들은 영구 혁명이 진보의 수단이라고 주장하기도 했지만, 그것은 참으로 피상적인 생각에 지나지 않습니다. 영구 혁명은 변증법적 의미에서 점증하는 폭력과 짝을 이루는 현상입니다. 도처에서 형식을 갖추고 장악력을 높여가는 조직들이 증가하고 있지만, 그러한 외관 뒤에서는 그만큼 무질서가 커지고 있는 것입니다. 우리 시대 인간의 내면은 무정부 상태이며 그 경향은 점점 더 심화되어갑니다…… 그러한 무정부적 경향을 정확히 알아보고 이를 진정한 자기 주장과 구별할 줄 아는 것은 우리가 지금 논의하고 있는 삶의 시기에서 특히 중요한 과제라고 할 수 있습니다.

이미 말씀드린 것처럼, 청년은 신뢰할 만한 역량과 책임감으로 생각하고 판단하고 계획하고 행동해야 할 때 반드시 필요한 핵심적 요소, 즉 경험을 충분히 갖추고 있지 못합니다. 이 시기에 삶의 구조를 규정하는 것은 신념의 순수성, 이념적 정열, 일정한 입장에 대한 절대적인 충성심 등입니다. 하지만 실제 삶이 어떠하고 어떻게 돌아가는가 하는 데 대한 지식은 아직 없는 상태입니다. 그런 것을 알 만한 기회와 시간이 없기 때문이죠. 하지만 다른 더 중요한 원인이 있으니, 청년은 보는 능력, 그리고 본 것을 소화하는 내적 능력이 아직 부족한 것입니다. 따라서 그

는 다른 사람들의 경험에 의존하지 않을 수 없습니다. 성
숙의 과정에서 대단히 큰 역할을 했던 교육이 이제 새로
운 양상으로 돌아옵니다. 즉 경험이 있는 자의 말이 곧 이
시기의 교육이 되는 것이죠. 현실은 이러이러하다, 일은
이렇게 돌아간다, 이런 점을 주의해야 한다. 물론 이런 말
들이 자기 자신의 경험을 대체해주지는 못합니다. 직접
부딪히고 잘못도 해봐야 비로소 깨닫는다는 옛사람들의
말이 틀린 것은 아닙니다. 하지만 타인의 경험을 이용하
는 것 또한 진정한 윤리적 의무 가운데 하나입니다. 우리
는 여기서 다시 한 번 변증법적 관계를 발견합니다. 자기
자신을 향한 용기와 새로운 것으로 과감히 나아가는 모험
심이 기존의 것을 따르며 타인의 경험을 이용하는 태도와
함께 어울려야 하는 것입니다. 그것은 속물성과는 아무
관계도 없습니다. 그것은 따분한 평범성이 아니라 대단히
생동하는 어떤 것이며 아슬아슬한 균형 잡기의 시도인 것
입니다.

아리스토텔레스의 윤리학에서는 그것을 "메소테스"라고 부릅니다. 메소테스란 곧 중간을 유지한다는 의미입니다. 그리스 민족은 결코 평범하지 않았습니다. 그리스 민족은 아마 그 어떤 민족보다도 더 열정적이었고 더 많은 위험을 감수하였다고 할 수 있을 것입니다. 그런 만큼 그들은 심연 사이를 가기 위해 균형을 잡지 않으면 안 된다는 것을 본능적으로 느꼈던 것입니다. 그들이 추구한 균형 상태를 바로 "소프로시네"라고 합니다. 그리스인들은 이러한 태도를 통해 많은 성공을 거두었고 위대한 업적을 이루었습니다만, 최종적인 성공에는 이르지 못했습니다. 우리가 그리스의 찬란한 문화를 경탄하면서도 잊지 말아야 할 것은 그리스 민족이 자신들에게 주어진 최대의 과업, 즉 그리스 통일 국가 수립의 과업을 완수하지 못했다는 사실입니다. 전체적인 관점에서 그리스 민족은 적정한 균형점을 찾아내지 못한 셈입니다. 그 때문에 그들의 운명은 결국 마케도니아와 로마 제국의 손에 넘어가고 말았던 것입니다. 이러한 예에서도, 지금 다루고 있는 문제가 얼마나 중요한 것인지 짐작하실 수 있을 겁니다. 청년은 자신의 고유한 삶과 운명, 일 속으로 자신감 있게 뛰어들면서도 이와 동시에 다른 사람들의 경험에 의존하고 이를 활용할 줄 알아야 합니다. 서서히 자신의 경험이 모든 것을 감당할 만큼 단단해지기 전까지는 말입니다.

마지막으로 이처럼 상반된 것 같은 두 경향의 상호 작용이 특히 현 시대에 얼마나 중요한 의미를 지니는지를 재차 강조해두고 싶습니다. 한편에서는 전체주의적 경향이 인간의 주체적 의지를 깡그리 지워버리려 하고, 또 다른 한편에서는 아무 대책 없이 전통적인 것에 대한 무조건적인 거부로 나아가는 거친 부정과 반항의 정신이 득세하고 있는 이 시대에 말입니다. 전체주의와 무정부주의는 하나의 위험이 낳은 두 가지 측면일 뿐입니다.

경험의 위기

1

앞에서 우리는 청년의 본질적 형상에 대해 이야기했습니다. 그런 다음 유년기와 청년기의 윤리적 문제들을 묶어서 다루었지요.

저는 강연 서두에서 삶의 시기 사이에 위기가 찾아온다고 이야기했습니다. 그리고 삶의 시기 자체는 인간 실존의 기본 형식인 것입니다. 즉 시기 하나하나가 인간이 태어나서 죽을 때까지 살아가면서 취하는 특징적 존재의 방식인 것입니다. 세계를 감각하고 느끼는 것, 세계를 인식하는 것, 세계에 대한 태도 같은 것이 각 시기마다 특유한 양상을 나타내는 것입니다. 여러 삶의 시기들이 나타내는 특징적 양상은 서로 너무나 뚜렷이 구별되기 때문에, 우리는 인간이 나이를 먹어가면서 하나의 시기에서 다음 시기로 물 흐르듯 넘어간다고 말할 수는 없을 것입니다. 오히려 매번의 이행마다 과거 시기와의 분리가 일어난다고 보아야 하겠습니다. 그리고 그러한 분리는 어려운 과업일 뿐만 아니라 심지어 삶 자체를 위태롭게 하기도 합니다. 한 시기에서 다른 시기로의 이행은 사람에 따라 오래 걸릴 수도 있고 비교적 빠르게 진행될 수도 있습니다. 격렬한 양상을 보일 수도 있고 비교적 안정되고 균형 잡힌 방식으로 이루어질 수도 있습니다. 성공할 수도 있고 실패할 수도 있습니다. 실패에는 다음 두 가지 경우가 있을 것입니다. 이미 끝난 시기가 고착되어 다음 시기의 삶이 뭔가 모자란 꼴이 되거나, 당면한 시기가 다음 시기의 압박에 짓눌려 왜곡되고 파괴될 수도 있겠습니다.

이와 같은 이행과 위기의 문제는 당연히 청년기와 그에 이어지는 시기 사이에도 나타납니다. 우리는 이 시기를 성년기라 부르고자 합니다. 그런데 성년기라고 불리는 이 시기는 우리가 앞에서 누차 언급했던 문제, 즉 경험의 문제와 밀접하게 연관되어 있습니다.

청년의 본질적인 형상은 바로 솟구쳐 오르는 생의 약동입니다. 자신의 인격과 힘과 생명력에 관한 자각이 빠르게 확장됩니다. 청춘의 약동이 주는 심리적 영향 속에서 청년은 무한한 가능성을 느끼게 됩니다. 장차 어떤 인간이 될 것이고 무엇을 이룰 것인지, 미래의 삶이 자신에게 무엇을 선사해줄 것인지, 이런 문제 앞에서 그는 무한한 가능성을 보는 것입니다. 이러한 믿음은 또한 무조건적인 이념과 신념, 자기 입장에 대한 절대적 충성, 비타협적 태도, 이와 더불어 자신의 신념과 입장으로 생의 현실을 파악하고 지배할 수 있다는 확신을 가지게 만드는 원인이 됩니다.

그러나 실제로 청년은 그러한 확신 속에서 바로 현실을 건너뛰어버립니다. 현실을 전혀 똑바로 보지 못하는 것입니다. 우선 자기 자신의 현실을 보지 못하는 까닭에, 스스로 무엇이 될 수 있고 될 수 없는지, 자신의 가능성은 어

디에 있고 한계는 어디에 있는지 알지 못합니다. 또한 주
변의 현실도 보지 못합니다. 즉 자기가 처한 경제적, 사회
적인 상황이나 다른 이들의 생각, 그리고 그들의 후원이
나 저항도 청년에게는 잘 보이지 않는 것입니다.

전체적으로 볼 때 이러한 청년의 태도는 긍정적인 의미
에서든, 부정적인 의미에서든 이상주의적이라고 할 수 있
습니다.

2

그러나 이제 점점 현실이 의식되기 시작합니다.

무엇보다 이상주의적인 태도로 인해 실패를 맛보기 때
문입니다. 청년은 자기가 할 수 있다고 믿었던 많은 일들
이 사실은 그렇지 않다는 것, 자신의 진짜 능력은 어딘가
다른 데 있다는 것을 깨닫게 됩니다. 물론 그것은 그렇게
근사해 보이지도 않고, 그렇게 흥미롭지도 매혹적이지도
않을 수 있지만, 어쨌든 진정한 능력인 것입니다. 그는 또

다른 사실도 알게 됩니다. 즉 다른 사람들 역시 자기 나름의 독자적인 의욕과 사상과 신념, 무언가 이루고자 하는 의지가 있다는 사실, 그들 역시 앞장서고 싶어 하지, 남의 요구에 따라 움직이려 하지 않는다는 사실 말입니다. 그것은 아주 기초적인 인식이지만, 그런 인식은 뒤늦게 찾아옵니다.

그는 세상사가 얼마나 복잡한지 깨닫습니다. 세상에 단순한 규칙으로 되는 일은 거의 없고, 모든 일이 '한편으로는 그렇지만 다른 한편으로는 그렇지 않다'는 식이라는 사실, 절대적인 원칙이란 것은 극히 비현실적이라는 사실을 알아차립니다. 그래서 청년은 결코 결행할 수 없으리라 생각했던 것을 결행하지 않을 수 없게 됩니다. 타협을 하는 것이죠. 원하는 바를 실현하기 위해서, 자신의 요구가 지니는 절대성을 포기하는 것입니다.

청년은 무조건적 이념과 순수한 신념으로 바꾸려 했던 사회적, 정치적, 경제적 현실이 생각보다 훨씬 완강하다는 것을 깨닫습니다. 올바른 것이 인식되고, 또 말해졌다고 해서, 곧바로 현실에서 받아들여지는 것은 아닙니다. 그러기에는 사람들의 아둔함, 이기심, 게으름이 실로 너무나 강력하지요. 어떤 노력으로 기존 상황에 변화를 가져온 것 같지만, 현실은 얼마 지나지 않아 제자리로 돌아가버리기 일쑤입니다.

똑같은 경험을 스스로에 대해서도 하게 됩니다. 올바른 것을 인식했다고 해서 그것을 바로 실천하게 되는 것은 아닙니다. 청년은 늘 목표에 이르지 못합니다. 스스로 작성한 윤리 결산서는 계속해서 마이너스입니다. 단 하나의 결점을 제거하는 것, 단 하나의 약점을 극복하는 것, 올바른 "덕$_{arete}$" 한 가지를 갖추는 것조차 대단히 어렵습니다.

청년은 삶이라는 것이 때로 얼마나 초라한지 알게 됩니다. "평범"과 "일상"이 어떤 것인지 깨닫고 낙심합니다. 정말로 뛰어난 재능, 탁월한 업적이란 얼마나 드문지, 대단한 사건은―좋은 일이든 나쁜 일이든―얼마나 희귀하게 일어나는지……

청년은 사실이란 것의 의미를 깨닫습니다. 그래서는 안

되는데 그러한 것. 원칙에서 도출되지 않는 것, 그래서
원칙으로 제압하고 제거할 수도 없는 것. 원칙에 어긋나
는데도 버젓이 존재하는 것, 그러기에 고려 대상에 포함
시켜야 하고, 오랜 노력을 기울여야만 장악할 수 있는
것. 그것이 바로 사실의 세계인 것입니다. 젊은이는 이제
무엇이라도 실현하기 위해서 반드시 필요한 전제 조건이
무엇인지를 발견합니다. 그것은 끈기, 참을 줄 아는 힘입
니다.

이 때문에 지금껏 그토록 확고하고 확실하다고 여겨온
것, 무조건적 신념으로 긍정해온 것이 심각한 타격을 받
고 흔들리게 됩니다. 뭔가 빠져 있었던 게 분명합니다. 바
로 경험이 없었던 것입니다. 그리고 이러한 경험 부족 때
문에 모든 게 어딘지 잘못되어 있었던 겁니다. 그러니 이
제 근본적인 변화가 필요합니다. 지금까지 정당성을 지녀
온 삶의 형상은 그 수명을 다했고, 새로운 삶의 형상을 얻
어야 할 때가 된 것입니다.

이 과정에도 실패의 가능성이 있습니다. 그것도 다양한 방식으로 말이죠. 우선 청년이 점차 나이를 먹어가면서도 지금까지의 태도를 고집하는 경우가 있습니다. 그러면 그는 절대주의에 빠져들고 맙니다. 교조주의적으로 되는 겁니다. 아무것도 인정할 줄 모르고 모든 것을 비판만 하는 광신적 원리주의자가 됩니다. 아니면 어디서도 참된 성취를 이루지 못하는 영원한 혁명가가 될 것입니다. 그런 사람은 주어진 현실과 관계 맺는 법을 알지 못합니다. 그는 그저 환상이 아니라 진짜 현실 속에서 일구어낸 성취가 어떤 것인지 제대로 알아보고 평가할 줄도 모르지요. 아무것도 이루지 못하는 자신의 불임 상태를 항상 뭔가 새로운 것에 달려드는 것으로 보상하려 할 따름입니다. 그는 항상 무언가에 열광하지만, 그런 감정은 실제로 존재하는 것과의 연결 고리를 찾지 못하는 까닭에 결국 늘 비현실의 영역에 빠져들고 맙니다.°

실패는 이와 다른 양상으로 나타날 수도 있습니다. 무조건적 이념과 신념을 가졌던 청년이 현실에 투항합니다.

나쁜 현실, "모두"가 말하는 현실, 평균적 인간이 원하는
현실에 말이죠. 이는 그가 잘못된 경험, 성공의 경험에 빠
져들어 이득과 쾌락에만 눈독을 들이게 된다는 뜻입니
다…… 그러면 이제 그는 진정하게 노력하며 희망을 품고
있는 사람들에게 아마 이런 식으로 말하게 될 겁니다.
"'현실주의자'가 되어야지. 현실을 있는 그대로 받아들이
라고. 사람들이 세파를 어찌어찌 헤쳐나가는지, 사람들이
어떻게 자기 자리를 확보하는지 봐두게. 그리고 즐길 수
있을 때 즐기는 거야."

두 경우 모두 성공적인 이행이라고 말할 수는 없을 것
입니다. 이행이 성공적으로 이루어지려면 경험을 하고 이
를 받아들이면서도 위대한 이념의 타당성에 대한 신념과
올바른 것과 고귀한 것에 대한 책임의식을 간직해야 합니

○ 이에 대한 위대한 문학적 사례는 파우스트이다. 그는 마법이라는 객
관적 형식으로 구현된 청춘의 나이에서 결코 벗어나지 못한다. 그래서
뒤에 가서 파우스트가 기술자로서 활동할 때도 사람들은 그것을 진지하
게 받아들일 수 없는 것이다.

다. 돈과 권력을 얻는 것이 아니라 뭔가 가치 있는 일을 해내고 자기 자신을 올바른 인간으로 만드는 것이야말로 정말 중요한 일이라는 확신이 사라지지 않아야 합니다. 아니 이제야 비로소 이러한 확신을 진정한 기초 위에 세울 때인 것입니다.

성년

1

이 이행이 달성되면, 새로운 삶의 형상이 빚어집니다. 우리는 이것을 성년의 시기라 부르고자 합니다. 이때 성년이란 생물학적 의미나 법적 의미에서의 성년이 아니라 인격적 의미에서의 성년을 뜻합니다.

성년의 시기에 핵심적인 특징은 인격과 신념의 차원에서뿐만 아니라 현실에서도 자신의 입지를 마련한다는 데 있습니다. 성년이 된 인간은 서 있을 수 있다는 것이 무슨 의미인지를 이해하고, 그것을 실현할 결의를 지니고 있습니다.

이제 성품이 완성된 형태를 이루게 됩니다. 인격이 내

적으로 견고해지는 것이지요. 이는 관점과 태도가 딱딱하게 굳어버린다는 뜻이 아닙니다. 성품의 완성은 한 인간의 고유한 정신의 핵이 생동하는 생각, 느낌, 의지 등과 어우러진다는 것을 의미합니다.

이제 특정한 가치들이 특별한 중요성을 갖게 됩니다. 맡은 바 임무에 있어서 신뢰감을 주는 것, 한번 한 약속을 반드시 지키는 것, 자신을 신뢰하는 모든 것에 대해 신의를 지키는 것, 무엇이 옳고 무엇이 그른가, 무엇이 고귀하고 무엇이 비천한가를 정확히 판별하는 감각으로서의 명예, 말과 행동, 성과 가운데서 참된 것과 그렇지 못한 것을 구별하는 능력 등……

성년기는 지속이 무엇을 뜻하는지 알게 되는 시기입니다. 지속이란 시간의 흐름 속에서 영원과 가까운 관계에 있는 것을 가리킵니다. 건설하고 유지하고 떠받치며 이어나가는 모든 것. 이 시기에 인간은 또한 토대를 만들고 방어하며 전통을 창조하는 일이 어떤 건지도 알게 됩니다. 이와 아울러 걸핏하면 이어져오는 전통의 영향에서 벗어나 완전히 새로운 시작을 도모하는 것이 대단히 비생산적이고 한심한 결과를 낳을 뿐이라는 것도 깨닫게 됩니다.°

2

이제 사람들이 "남자" 혹은 "여자"라고 부르는 존재가 생겨납니다. 완성된 성품을 갖춘 남성적, 여성적 인격. 이 인격은 직접적인 충동과 변덕스러운 감정에서 벗어나 유

○ 바로 여기에 독일 민족의 치명적 낙후성이 있다. 독일 역사, 특히 1815년의 빈 회의, 19세기 중반 독일 통일 시도들, 1871년 독일 제국의 수립, 그리고 그 이후 수시로 중단과 새출발을 거듭한 모든 역사적 과정을 떠올려보면, 위에서 이야기한 것이 얼마나 중요한 문제인지가 분명해진다.

아달베르트 슈티프터Adalbert Stifter(1805~1868. 오스트리아의 작가. 『늦여름』『보헤미아의 숲』 등의 작품이 있다—옮긴이)는 최고 대가의 반열에 들지는 못하지만, 진실함과 순수함의 미덕이라는 면에서 특출한 작가였다. 그의 작품은 본질적으로 위에서 말한 성품의 주요 가치에 바쳐진다. 자기 자신에 대한, 자신이 이룩하고자 하는 바에 대한 충실함, 토대를 만들고 이어가고 성숙시켜가는 지속의 미덕.

효한 것, 지속하는 것의 세계 속에 뿌리를 내림으로써, 삶을 떠받치는 바탕이 될 수 있습니다. 우리 시대가 드러내고 있는 위험스러운 증상 가운데 하나는 이러한 성년의 형상이 약화되어간다는 점입니다. 오늘날 가정이 붕괴해가는 것도 이와 관련되어 있습니다. 아이를 만들고 낳을 수 있다고 해서 진짜 아빠, 진짜 엄마가 될 수 있는 것은 아닙니다. 견실한 내면, 질서를 정하고 지키고 이어가는 조용한 힘을 갖추어야 합니다. 가족, 가정이란 바로 그러한 힘의 토대 위에서만 세워질 수 있는 것입니다. 오늘날 도처에서 공권력이 가족이라는 인간 삶의 근원적 영역에까지 개입해옵니다. 그것은 가족을 지탱해야 할 사람들이 진정한 남자 혹은 진정한 여자가 못 되기 때문이고, 그렇게 되고자 하는 의지조차 없기 때문입니다.

바로 이러한 상황에서 수용소, 공공 교육 기관, 기숙사와 같은 형식의 삶이 생겨납니다. 가정과 집은 점점 각종 집단 시설, 병원, 호텔 등으로 대체됩니다. 성년의 약화와 가정의 붕괴에 따라, 오늘날 우리는 빈번히 사회가 아주

기이한 조짐을 보이고 있다는 느낌을 받습니다. 지식의 어마어마한 증가, 엄청난 힘과 정확성을 지닌 기술의 발전에도 불구하고 정작 우리의 삶은 어른이 되지 못한 이들에 의해 지배되고 있다는 느낌 말입니다. 이는 깊이 우려하지 않을 수 없는 상황입니다. 자기 안에 진정 뿌리 내리지 못한 사람이 과연 자기 자신이 가진 힘을 인간적으로 제어할 수 있을까요? 거꾸로 그는 그런 힘에, 그리고 그것의 집단적 담지자인 국가, 노동조합, 여론 등에 종속되어버리지 않을까요?

한계 경험의 위기

1

성년의 실존 형식에도 역시 위기는 찾아옵니다. 그러나 이 위기에 대해 이야기하기 전에 먼저 다른 문제를 짚어 두려고 합니다.

우리의 논의에서는 삶을 주요 시기로만 나누어 살펴보고 있습니다. 더 깊이 세부로 파고들어갈 여유가 없기 때문입니다만, 지금 다루려고 하는 주제가 그러한 주요 시기에 해당되는 것인지, 아니면 이전 시기의 심화 단계일 뿐인지, 또는 주요 시기 안에서의 하위 시기를 이룰 뿐인지—그러니까 유년기 안에서 작은 아이와 대비되는 큰 아이의 단계가 그러한 시기인 것처럼—저 자신도 잘 판단이

서지 않습니다.

우리는 여기서 삶의 경과에 대한 현상학적 탐구가 안고 있는 주요한 난제 가운데 하나와 맞닥뜨린 셈입니다. 그 것은 삶의 시기와 삶 전체 사이의 변증법에 근거하고 있 습니다. 그래서 시기를 구분할 때는 인생의 전 과정에서 '전체'에 얼마나 큰 비중을 둘 것이냐가 종종 결정적인 관 건이 됩니다.

그래서 지금 여러분 스스로 문제를 어떻게 바라보는지 잠시 숙고해주시길 부탁드립니다. 무엇보다 여러분 가운 데 다소 연세가 있으신 분들께 특별히 더 부탁을 드립니 다. 그런 분들은 자기 자신의 경험 속에 이미 이 문제에 대해 숙고할 만한 단초를 가지고 계실 테니까요.

이번에 다룬 성년기를 나이로 가늠해보자면, 아마도 20 대 말에서 40대 중반이 되지 않을까 싶습니다…… 이 경 계는 당연히 유동적입니다. 여러 가지 계기들로 성년기는 다소 일찍 혹은 다소 뒤늦게 시작될 수 있고, 또 끝나는 시점도 달라질 수 있겠지요.

성년기는 그야말로 원기 왕성한 시기입니다. 자기가 진리라고 믿는 이념이 정확한 현실 인식과 결합되어야만 진짜가 될 수 있다는 의식이 이 시기를 떠받칩니다. 무조건적인 신념이 복잡하고, 모순적이고, 곤궁한 인간 세상에 대한 지식과 통일을 이루는 시기…… 생리적인 측면에서 성년기는 청춘의 약동하는 힘이 다소 누그러지는 동시에 거기에 깊이와 단호함이 더해지는 시기입니다. 이 시기에는 정신적, 신체적 생산력이 거침없이 뿜어져 나옵니다.

성년기는 또한 그 어느 때보다도 더 기꺼이 힘든 과제를 스스로 떠맡고, 일을 마다하지 않으며, 업적과 성취를 위해 자신의 시간과 능력을 아낌없이 쏟아붓는 시기입니다.

2

그러다가 위기가 찾아옵니다. 자기가 가진 힘의 한계를

갈수록 더 분명하게 느끼게 되기 때문입니다. 이제 성년의 인간은 알게 됩니다. 계속 더 일하고, 더 싸우고, 더 책임을 떠맡을 수만은 없다는 것을. 무슨 일에든 감당할 수 있는 정도를 넘어서는 지점이 있다는 것을.

　일의 부담은 갈수록 쌓여갑니다. 여기저기서 요구사항도 점점 늘어만 갑니다. 하나를 해결하면 곧바로 다른 일이 생깁니다. 끝이 없습니다…… 가정을 꾸려가는 것, 가족을 행복으로 이끄는 것, 직업적 소명을 실현하는 것, 어떤 기업을 운영하는 것, 공적인 직책을 수행하는 것, 이 모든 것이 무엇을 의미하는지 생각해봅시다. 그 속에 수많은 사람과 일, 힘과 규칙이 엮여 있고, 수많은 긴장과 난관, 저항이 도사리고 있습니다. 이 모든 것들이 전부 뿔뿔이 자기 길을 가려고 발버둥칩니다. 모든 요소가 제각기 고유한—자연적인, 혹은 인위적인—목적에 따라 움직이려 하니까요. 그래서 각각의 요소들을 모두 아우르며 조화시키기 위해서는 항상 새롭게 노력해야 합니다. 또한 영리함, 주의력, 이기적이지 않은 균형 감각, 헌신이 필요합니다.

이런 문제가 천천히 의식되기 시작합니다. 예전에는 여유와 힘을 가지고 있다는 느낌, 내가 이끌어갈 수 있고, 새로운 것을 개척할 수 있다는 느낌이 있었지만, 이제는 그 대신 한계의 감정이 깊어집니다. 피로감이 일어납니다. 너무 벅차다, 이제 쉬고 싶다, 벌어놓은 것으로 먹고 살련다. 이러한 피로감은 특히 일이 과도하게 쌓여만 갈 때, 주변의 요구와 기대가 너무 많아질 때, 눈앞의 난관이 극복할 수 없을 것처럼 느껴질 때 더 심화됩니다.

환상이 사라져갑니다. 청춘의 본질에 속하는 환상뿐 아니라, 삶이 아직은 새로운 것이며 아직 겪어보지 못한 것이 많다는 생각에서 연유하는 환상까지도 모두 없어지는 것입니다.

지금까지 의식을 규정해온 것이 진지함, 결연함, 책임감이었다면, 그리고 그러한 태도로 토대를 닦고, 건설하고, 이를 지키기 위해 싸워왔다면, 이 모든 일은 더 이상 신선하지도 않고, 어떤 흥미와 자극도 불러일으키지 못하게 됩니다. 우리는 일한다는 것, 싸운다는 것이 진짜 무엇을 의미하는지 서서히 알아갑니다. 사람들이 보통 어떻게 처신하는지, 갈등은 어떻게 해서 생겨나는지, 어떤 과업이 어떻게 시작해서 발전하고 마무리되는지, 인간관계는 어떤 식으로 발전해가는지, 기쁨이 어떻게 생겨났다가 스러져버리는지 알게 되는 것입니다.

새로운 만남과 새로운 일의 시작이 일으키던 흥분된 감정도 이제 자취를 감춥니다. 삶은 낯익은 것으로 다가옵니다. 모르는 일이 없습니다. 세상사는 반복되게 마련이라는 느낌이 생겨납니다. 물론 이 느낌이 전적으로 옳은 건 아닙니다. 이미 이야기했지만, 세상에 반복되는 일이란 없으니까요. "하늘 아래 새로운 것은 없다"는 격언은 이렇게 뒤집을 수 있습니다. "하늘 아래 모든 것은 새롭다." 그러나 어쨌든 이 시기 인간의 마음속에는 익숙하다는 느낌, 천편일률적이라는 느낌이 지배적인 위치를 차지하게 됩니다. 모든 일이 획일적이고 일상적으로만 느껴집니다.

삶이 비루하기 짝이 없다는 사실이 점점 더 확연해집니다. 기대를 걸었던 사람들에게서 환멸을 맛봅니다. 일반 대중에게서 예전에는 보지 못했던 둔감함, 무관심, 악의적 태도를 발견합니다. 무대 뒤편을 들여다보고 세상사가 생각했던 것보다 훨씬 더 보잘것없다는 것을 깨닫게 됩니다.

그저 지겨워지기 시작합니다. 옛 사람들은 이를 가리켜 "생의 권태taedium vitae"라고 했지요. 그것은 어떤 구체적인 계기에서 오는 감정이 아니라 그냥 삶 전반에 대해 느끼는 깊은 실망을 의미합니다. 삶이 우리를 상대로 써먹는 기술의 핵심은 인생 초기에 많은 것을 약속해준다는 데 있습니다. 특히 사춘기와 청춘의 시기에 미래의 약속은 무한한 것처럼 느껴집니다. 이로써 인간은 용기를 얻어서—아르투어 쇼펜하우어 같은 염세주의자라면 "꼬임을 당하여"라고 말하겠지요—미지의 삶 속에 뛰어들기도 하고, 우정과 사랑과 직업 선택에 따르는 의무를 기꺼이 짊어지기도 하는 것입니다.

삶이 계속되면서 그런 약속들은 점점 힘을 잃어갑니다. 시선은 점점 더 날카로워지고, 뭔가 과감히 시도해보려는 마음은 점점 줄어듭니다. 약속들이 지켜지지 않을 거란 사실이 점점 더 명확해집니다. 쏟아부은 것에 비해 돌아오는 것은 충분하지 않습니다. 이러한 경험은 서서히 거대한 환멸로 이어지죠. 환멸은 모든 삶에서 일어납니다. 많은 실패를 겪은 사람뿐만 아니라 많은 성취를 할 수 있었던 사람에게도 환멸이 찾아오는 것입니다. "저 사람은 행운아야, 대단한 업적을 이루었어"라며 주변에서 부러워하는 그런 사람들조차 환멸에서 자유롭지 않습니다. 왜냐하면 삶의 의미와 무게는 외연적인 것, 즉 양이 아니라 내면적인 것, 즉 내면에서 느껴지는 체험의 강도에 좌우되는 것이니까요.

이 모든 것들로 인해 위기가 찾아옵니다. 결정적인 것은 다음의 문제입니다. 환멸과 실망, 삶의 비루함에 대한 인식에 지배당할 것인가? 그저 살기 위해 기계적으로 필요한 일만 하며 사는 회의주의자, 냉소주의자가 될 것인가? 또는 마음속으로는 전혀 확신하지 못하는 낙관주의를 스스로에게 강요하고 그 속에서 굳어버릴 것인가? 그래서 일이란 일은 다 떠맡고 온갖 문제에 끼어드는 사람이 될 것인가? 또는 이 시기 인간에게 특징적으로 나타나는 어리석음에 빠져 도박이나 투기를 시작한다든가, 가족을 버리고 집을 나간다든가, 무모한 사업을 시작하거나 정치판에 뛰어들 것인가? 그저 삶의 단조로움에서 벗어나기 위해 이처럼 뻔한 실패의 길로 뛰어들 것인가? 아니면 진지하고 진실한 마음에서 삶을 긍정하고, 삶이 가치 있는 것이라는 감정을 새롭게 되살릴 수 있을 것인가?

각성한 인간

위에서 언급한 마지막 가능성이 실현될 때, 각성覺醒한 인간이라는 삶의 형상이 나타납니다. 그것의 특징은 한계 가 무엇인지를 직시하고 받아들이는 데 있습니다. 삶에 가로놓인 많은 제약, 결핍과 부족, 누추함 등등.

하지만 이는 불의와 악, 비열한 짓 따위를 아무렇지도 않게 받아들인다는 뜻은 아닙니다. 삶의 무질서함, 고통, 막막함 등을 간과한다는 뜻도 아니고요. 곤궁을 풍요라 고, 허상을 진실이라고, 공허를 충만이라고 강변하는 것 도 아닙니다. 각성한 인간은 이 모든 것을 그대로 직시합 니다. 그리고 "받아들입니다." 모든 게 그럴 수밖에 없고,

그런 대로 견디어내야 하니까요.

그는 또한 일을 그만두지도 않습니다. 오히려 아주 성실하게 맡은 일을 계속 해나갑니다. 가족이, 직업이, 일반 대중이 요구하고, 그것에 대해 의무감을 느끼기 때문이지요.

이런 일들을 그는 예전과 다름없이 올바르고 정확하게 수행합니다. 그 모든 실패의 경험에도 불구하고 말입니다. 왜냐하면 의무라는 것은 그 자체로서 의미 있는 것이기 때문입니다. 그는 질서를 유지하고 다른 이들을 도우려는 노력을 늘 새롭게 시작합니다. 왜냐하면 그는 사람들이 언뜻 보기에 헛된 시도를 거듭하는 것 같지만 바로 이러한 방식을 통해서 깊이 위협받고 있는 인간 존재를 지탱해주는 추동력이 나온다는 사실을 알고 있기 때문입니다. 그러한 추동력은 그때그때 필요에 따라 제어할 수 있는 것이 아닙니다.

2

많은 엄격한 자기 규율의 훈련과 체념만이 이러한 태도를 가능하게 합니다. 그것은 용기이지만 그 특성상 과감함보다는 단호함에 가깝다고 할 수 있습니다.

여기서 여러분은 이른바 성품이라는 것이 여기서 어떻게 완성되는지 확인하실 수 있습니다. 우리의 삶이 신뢰하고 의지할 수 있는 것은 바로 이러한 유형의 인간입니다. 그는 더 이상 거대한 성공이나 빛나는 승리에 대한 환상을 품지 않기 때문에 유효하고 오래 남을 결과를 산출할 수 있습니다. 진정한 정치가, 의사, 또한 모든 종류의 교육자는 바로 이러한 존재여야 합니다.

여기서 우리의 삶에 확실성을 부여해줄 수 있는 뛰어난 인간이 출현합니다. 그리고 우리는 그렇게 뛰어난 인간들이 얼마나 많이 나오는지, 그들의 영향력이 얼마나 널리 미치는지에 따라 한 시대의 인간적 상황, 문화적 가능성을 가늠해볼 수 있습니다.

물러남의 위기

1

그러나 다시 위기가 닥칩니다. 이번 위기는 노년의 문턱에서 찾아옵니다. 우리는 이것을 물러남의 과정이라고 부르겠습니다.

지금까지 이야기한 것처럼 한 사람의 삶은 풍부한 가치들로 채워집니다. 한 사람을 통해 많은 업적이 이루어집니다. 그는 올바른 지점에 개입하여 올바른 맥락에 따라 행동하고 순간의 성공에 연연하지 않음으로써 진정 지속적인 가치를 지닌 업적을 남기게 됩니다. 그는 꿋꿋하게 신념을 지켜가는 동시에 현실에서 멀어지지 않음으로써 자기 자신이 안고 있는 많은 제약을 넘어서서 탁월한 인물로 성장하게 됩니다.

그리하여 삶은 더욱 견실해지고, 더욱 귀중해집니다.

동시에 새로운 경험이 파고들어옵니다. 이 경험은 삶의 곡선이 하강하면서 시작되지요. 다시 말해 그것은 끝에 대한 의식과 관련되어 겪는 경험입니다.

시작과 끝은 신비로운 것입니다. 출생, 유년기―여러분은 제가 앞서 이에 관해 한 이야기를 기억하실 텐데요― 에서 삶이 시작한다고 할 때, 이는 삶의 운동이 출발점에서 점점 멀어지는 방향으로 진행된다는 뜻이 아닙니다. 삶은 항상 시작과 함께 나아갑니다. 출생과 유년기는 인간 안에 내내 살아 있는 요소로 남아 있는 것이죠. 개인의 삶에서 시작이란 전체 역사 속에서 기원과 유사한 의미를 지닙니다. 사람들은 역사의 기원을 건국 신화나 조상의 형상을 통해서 기립니다. 바로 이와 같은 기원의 계기가 개인의 경우에도 삶 전체를 관통하여, 삶이 끝에 다다를 때까지 작용하는 것입니다⋯⋯。

그러나 거꾸로 끝 역시 처음 시작에까지 영향을 미칩니

다. 첫 부분의 선율이 이후의 곡 진행 전체를 만들어내듯
이, 끝 부분 역시 곡 전체의 형태를 미리 결정하는 것입니
다. 하나의 삶은 결코 여러 부분들을 조각조각 이어 붙인
결과로 만들어지는 것이 아닙니다. 삶이란 하나의 전체이
며, 역설적으로 들릴지 모르지만 전체로서의 삶은 삶의
모든 시기마다 항상 현전하는 것입니다.

따라서 끝은 삶 전체에 걸쳐 영향을 미칩니다. 삶의 곡
선이 하강하다가 언젠가 마지막 순간에 이를 거라는 사
실, 일어나는 모든 일들이 종말, 즉 우리가 죽음이라고 부
르는 것을 향해 나아가고 있다는 사실은 우리의 삶 내내
따라다니고 있는 것입니다. 다만 이러한 삶의 종말은 삶
의 시기마다 다르게 표출됩니다. 각 시기의 특성에 상응
하는 방식으로 말입니다.

아이들은 삶이 끝난다는 사실에 대해 거의 아무것도 모

○ 이처럼 삶의 진행 과정 속에서 계속 작용하는 시작을 어떻게 생각
해야 하는가는 복잡하고도 흥미로운 문제이지만, 여기서 상세히 다룰
수는 없다.

롭니다. 아마도 아이들은 배가 고프거나 외부 세계로부터
의 보호를 필요로 할 때야 비로소 미래에 닥쳐올 죽음의
순간을 간접적으로 느끼는 듯합니다. 죽음에 대한 느낌이
더없이 강력한 영향력을 발휘하는 것은 청춘 시절입니다.
이때 죽음은 무엇보다 비극적으로 고양된 삶의 감정이라
는 성격을 갖습니다. 그렇기 때문에 청년기는 인간이 가
장 쉽게 죽을 수 있는 시기이기도 합니다. 왜냐하면 고양
된 삶의 충일은 죽음 자체마저 삶의 요소 가운데 하나로
만들기 때문입니다⋯⋯ 인간이 죽음을 가장 많이 망각하
고 사는 때는 우리가 앞에서 성년기라고 부른 시기입니
다. 이 시기의 인간은 앞서 얘기한 것처럼 너무나 많은 요
구와 의무에 직면하고 있는 까닭에, 또한 자신의 능력과
자립성을 너무나 깊이 확신하기 때문에 죽음에 관한 의식
은 가볍게 뒷전으로 밀려납니다⋯⋯ 반면 완숙한 단계에
이른 각성한 인간에게는 한계 경험을 통해 끝에 대한 감
정이 밀려옵니다. 그러나 그는 그러한 감정을 우리가 앞
서 이야기했던 단호한 태도로 승화시키며, 이에 따라 삶

은 더욱 견실하고 진지하며 귀중한 것이 됩니다.

2

그러나 이제 사정이 달라집니다. 끝이 있다는 사실이 아주 원초적이고 직접적인 의미로 다가옵니다. 이 과정은 다음과 같이 그려볼 수 있겠습니다.

무엇보다 먼저 덧없음의 감정이 일어납니다. 남아 있는 가능성들, 즉 내가 할 수 있는 것, 그리고 삶이 내게 더 제공해줄 수 있는 것은 한눈에 파악이 될 정도로 줄어듭니다. 이로 인해 삶에서 무한의 느낌, 더 정확히 표현하자면 항상-더-계속될 것이라는 느낌을 만들어내는 동력이 사라집니다. 다시 말해 기대가 사라지는 것이죠. 인간은 늙는 만큼 덜 기대하게 됩니다. 또 그런 만큼 덧없음의 감정은 더 강렬해집니다. 기대가 시간을 확장한다면, 답을 안다는 것은 시간을 수축시킵니다. 늘 무언가가 끝나고 있다는 느낌이 점점 더 강해집니다. 하루가 끝났다, 일주일이 끝났다, 한 계절이 끝났다, 한 해가 끝났다. 또한 다음과 같은 의식도 더욱 뚜렷해집니다. 지금 하는 일을 어제도 했었다, 오늘 겪는 일은 일주일 전에도 겪었던 일이다. 이 모든 것이 그 사이에 흐르는 시간을 움푹 쪼그라들게 만듭니다. 삶은 점점 더 빠르게 미끄러져갑니다.

덧없음을 강화하는 두번째 계기는 시간이 아닌 사건들 자체의 변화로부터 옵니다. 사건들을 체험하는 방식의 변화로부터 온다고도 말할 수 있겠습니다. 이제 사건들은 얕아집니다. 그러나 이 말은 사건이 드물어진다든가 가치가 없어진다는 뜻은 아닙니다. 그보다는 사건이 체험을 충만하게 해주지 못한다는 것입니다. 사건은 그것을 체험하는 사람의 마음을 깊이 사로잡지 못합니다. 그는 사건을 더 이상 심각하게 받아들이지 못합니다. 물론 사건과 관련된 자신의 책임을 우습게 여긴다는 것은 아닙니다. 하지만 자신의 의지와 무관한 감정의 차원에서까지 사건을 깊이 느끼지는 못한다는 것이죠. 그렇기 때문에 늙어가는 인간은 당장 일어난 일들을 점점 더 잘 잊어버립니다. 반면 과거의 일은 더 중요해집니다.

3

이 외에도 다른 문제들이 더 있겠습니다만, 노년과 함께 닥쳐오는 위기의 특징을 설명하는 데는 지금까지 말씀드린 것만으로도 충분한 것 같습니다. 개개인이 이 위기를 이겨낼 수 있는지, 또 그렇다면 어떻게 그럴 수 있는지는 그가 끝을 얼마나 잘 받아들이는가, 그리고 세상사가 덧없어지고 얕아지는 데서 어떤 교훈을 얻고 그것을 따르는가에 달려 있습니다.

이 일에 실패하면, 나쁜 의미에서 늙은이가 됩니다. 더 정확히 말해 "늙지" 않으려고 발버둥치는 인간이 되는 것이죠.

이는 가까이 다가오는 끝을 외면하는 태도로 나타날 수 있습니다. 마치 끝이 아직 저 멀리 있다는 양 행동하며, 끝나가는 삶의 마지막 단계에 악착같이 매달리고, 마치 젊은이처럼 보이려고 애쓰는 것이죠. 이로부터 비참하고 안타까운 결과들이 생겨납니다. 우리 시대에 나타난 가장 수상쩍은 현상 가운데 하나는 가치 있는 삶을 단순히 젊음과 동일시하는 경향입니다.

이와 달리 늙는다는 사실에 완전히 투항하는 경우도 있습니다. 그런 노인은 삶 전체를 방기해버리고 자기에게 아직 남아 있는 것에만 집착하게 됩니다. 여기에서 노년의 물질주의라는 부정적 양상이 나타납니다. 직접 손에 거머쥘 수 있는 것만이 삶의 전부가 되는 겁니다. 먹을 것, 마실 것, 은행 잔고, 편안한 안락의자 따위 말입니다. 고집불통의 늙은이가 됩니다. 자기가 옳아야만 직성이 풀리고, 폭군처럼 주변 사람들을 못살게 굽니다. 위기를 긍정적으로 극복하기 위해서는 늙어감을, 생이 끝나감을 받아들여야 합니다. 생의 끝에 투항하지도 않고 무관심하고 냉소적인 태도로 그것을 무가치한 것인 양 무시해버리지도 않으면서 말입니다.

그렇게 끝을 받아들임으로써 삶 전체에 대해 중요한 의

미를 지니는 매우 고상한 태도와 가치 들이 실현될 수 있
습니다. 통찰, 용기, 평정심, 자존감이 그런 것입니다. 또
한 지금까지 살아온 삶, 지금까지 이룩한 업적과 삶의 의
미를 오롯이 지켜낼 수 있는 힘도 그런 미덕에 속합니다.
여기서 특히 중요한 과제가 있습니다. 젊은이들을 부러워
하고 질투하는 마음, 역사적으로 새로이 등장한 현상들에
대한 불만과 원한 감정, 현대적인 것의 결함과 실패를 보
며 고소해하는 마음 등을 잘 다스리고 극복해야 한다는
것입니다.

지혜로운 인간

1

이러한 위기의 극복에 성공한다면 노인, 좀더 가치 있게 표현한다면 지혜로운 인간이라는 삶의 형상이 등장합니다. 우리는 지혜로운 인간을 다음과 같이 특징지을 수 있겠습니다. 끝을 알고 이를 받아들이는 사람. 이는 생이 끝나기를 기쁜 마음으로 기다린다는 것이 아니라―이런 경우는 드물지만 전혀 없는 것도 아닙니다―생의 필연적 귀결을 정직하게 받아들일 자세가 점점 더 확고해진다는 뜻입니다.

삶의 끝도 역시 삶입니다. 끝나가는 과정에서 이전에는 결코 실현될 수 없었던 가치들이 실현됩니다. 끝을 잘 받아들임으로써 인간은 어딘지 평온해지고, 실존적 의미에서 우월한 태도를 보이게 됩니다. 누군가가 카를로 보로메오 추기경Carlo Borromeo(1538~1584. 이탈리아의 성인이자 로마 가톨릭 교회 추기경―옮긴이)에게 앞으로 한 시간밖에 살 수 없다고 한다면 무엇을 하겠느냐고 물었을 때 그는 이렇게 대답했습니다. 지금 하고 있는 일을 특히 더 잘하겠노라고. 바로 이 말에 저 실존의 우월성이 표현되어 있습니다. 그러한 경지에 이른 인간은 불안해하지도 않고, 남김없이 향유하려는 욕심도 부리지 않고, 살 날이 얼마 남지 않았다고 서두르지도 않고, 점점 줄어드는 시간을 온통 채워넣으려고 하지도 않습니다(『파이드로스』의 마지막 부분에서 소크라테스가 보이는 태도가 바로 그러하지요)……

그런데 덧없다는 느낌 속에도 그 자체로 긍정적인 요소가 들어 있습니다. 덧없지 않은 것, 영원한 것에 대한 의식이 점점 더 또렷해진다는 점입니다. 우리 강의의 맥락상 이에 대한 이야기를 더 상세히 할 수는 없겠습니다. 영

원에 대한 관념은 개개인의 인생관에 따라 상이한 성격을
가질 수 있는 것이니까요.

영원에 대한 의식 중에 가장 무가치한 것은 이런 생각
입니다. "나는 내 자식들을 통해 또는 내 민족을 통해 삶
을 앞으로도 계속 더 이어갈 것이다." 이런 식의 생각은
진정한 영원의 의미를 왜곡하는 것입니다. 그것은 오히려
덧없는 것에 봉사할 따름입니다. 영원에 대해 진지하게
이야기하는 사람은 결코 "계속 더"를 영원으로 보지 않습
니다. 생물학적인 의미에서든 문화적인 의미에서든 아니
면 우주적인 의미에서든 마찬가지입니다. "계속 더"는 나
쁜 영원성입니다. 그것은 오히려 견딜 수 없을 정도로 증
폭된 덧없음일 따름입니다. 영원이란 양의 많고 적음과
관련된 문제가 아닙니다. 측정 불가능할 정도로 길게 늘
인다고 영원하지 않은 것이 영원해지지는 못합니다. 영원
성은 질적인 "다름"이고 "자유"이며 "제약받지 않는 절대
성"입니다.

영원성은 목숨의 문제가 아니라 인격의 문제입니다. 영

원성은 그저 계속 더 나아갈 뿐인 연장의 과정을 통해 인
격을 보존하는 것이 아니라 절대적인 의미에서 인격을 충
만하게 만듭니다.

덧없지 않은 것에 대한 이러한 의식은 덧없음을 정직하
게 받아들이는 만큼 성장합니다. 덧없음에서 도망치려 하
거나 그것을 은폐하고 부정하는 사람은 영원에 대한 각성
에 이르지 못합니다……

우리가 앞에서 삶이 얇아진다고 말한 것도 같은 맥락에
서 이해할 수 있습니다. 삶이 얇아짐에 따라 삶 자체를 넘
어서는 의미가 존재한다는 사실이 분명해집니다. 유한한
것이 투명해지면서 그 배후에 놓인 절대적인 것이 드러납
니다.

2

이런 경험들을 통해서 중요한 것과 중요하지 않은 것,
진정한 것과 진정하지 않은 것을 구별할 수 있게 됩니다.

또한 삶의 전체적 연관성과 그 안에서 개별적인 계기들이
지니는 의미도 인식하게 됩니다. 그러한 여러 분별력을
통칭하여 "지혜"라고 합니다. 이러한 의미에서 지혜는 날
카로운 지성이나 삶을 살아가는 데 필요한 영리함과는 다
른 것입니다. 절대적인 것과 영원한 것이 덧없고 유한한
의식 속에 파고들어와 삶에 빛을 비추어줄 때 생기는 것
이 바로 지혜입니다. 바로 여기에 노년의 인간이 발휘하
는 실천적 영향력의 원천이 있습니다.

실천적 영향력에는 두 가지 종류가 있습니다. 하나는
직접적인 작용, 즉 지배하고 질서를 수립하는 힘이고, 다
른 하나는 의미와 진리와 선의 힘입니다. 성년의 인간의
경우에는 이 두 가지 실천적 힘이 그의 안에서 일정한 균
형을 이루고 있습니다. 그는 업적을 이루고, 투쟁하고, 실
현합니다. 동시에 그가 이룬 것은 진정한 업적이어야 하
고, 그의 투쟁은 올바른 것을 지향해야 하며, 그가 실현한
것은 선이어야 합니다.

늙어감에 따라 역동적인 힘은 약해집니다. 그렇지만 내

면 속에서 위기를 극복해가는 만큼, 노년에 이른 지혜로운 인간은 의미를 환히 밝혀주는 존재가 됩니다. 그는 능동적으로 활동하지 않습니다. 그는 가만히 있어도 빛을 발합니다. 그는 움켜쥐고 지배하려 들지 않습니다. 그는 다만 의미를 분명히 밝혀줍니다. 그리고 그의 사심 없는 태도로 인해 의미는 더욱 강한 효력을 발휘하게 됩니다.

앞에서 지나가듯이 말씀드린 바 있지만, 오늘을 살아가는 사람들에게 특히 중요한 문제를 여기서 좀더 정확히 짚어둘 필요가 있을 것 같습니다.

요즘 사람들은 노년의 본질적 의미를 거의 잊어버린 듯합니다. 그래서 늙어간다는 것은 그저 막연하게 삶의 연장 정도로밖에 이해되지 않고 있습니다. 이런 막연한 생각 속에서는 청춘기 삶의 형상이 규범으로 남아 있습니다. 그래서 노년이란 이렇게 규범으로 여겨진 삶에 대한 제약과 결핍으로 여겨질 뿐입니다. 가령 늙으면 업무 능력이 떨어진다든가, 탄력과 유연성이 없어진다든가 하는 식으로 말입니다. 이런 생각에 따르면 노인은 값이 떨어진 청년에 지나지 않습니다. 생명을 연장해주는 의료 기술이나 기적의 치료법 따위에 사람들이 매달리는 것도 이러한 관념의 결과입니다. 패션이나 화장품을 동원하는 위장술은 두말할 것도 없겠지요. 이런 것들은 결국 허상과 삶에 대한 기만을 낳을 뿐입니다.

그 결과는 무엇일까요? 오늘날 인생에 대한 관념 속에서 노년의 가치 자체가 실종되어버렸습니다. 다양한 형태의 지혜가 사라졌습니다. 삶에 대한 통찰력, 진정한 분별력과 판단력에서 나오는 삶의 태도도 이제는 찾아보기 어렵습니다.

그런데 노년이 무시되면 될수록, 참된 의미에서의 유년기 역시 낯선 것이 되어갑니다. 이제 대부분의 아이들은 어른의 축소형일 뿐입니다. 진짜 아이들은 우리가 앞서 이야기했던 삶의 통일성 속에서 살아갑니다. 예를 들어 아이들은 동화를 들을 수 있습니다. 즉 신화적으로 생각한다는 것이죠. 그러나 오늘날 아이들에게 동화라고 들려

주는 것은 모두 합리성과 미학적 원리에 따라 가공된 것
들뿐입니다. 아이들은 놀 줄 알고, 다양한 형상을 창조할
줄 압니다. 아이들은 살아 있는 형상을, 삶의 제의를 창조
합니다. 그러나 오늘날에는 완벽하게 기술적으로 가공된
장난감들만 도처에 널려 있습니다. 그것은 사실 어른들의
생각에서 나온 장난감들이죠. 설령 아이들에게서 다행스
럽게도 정말 아이다운 뭔가가 나온다고 해도, 그리하여
이를테면 사람들이 아이들의 그림에서 진정 깊은 의미를
발견한다고 해도, 즉시 그것에 대한 이론을 세운다, 전시
회를 연다, 상을 준다, 하는 식의 소동이 벌어지고, 결국
모든 게 망가지고 맙니다.

　이 두 가지 현상은 서로 연관되어 있습니다. 늙는다는
것은 되돌려져야 할 부정적 현상이고, 항상 스무 살로 남
아 있는 인간이 이상형으로 간주됩니다. 남자든 여자든
마찬가지입니다. 하지만 영원한 스무 살이란 얼마나 어리
석고 비겁한 존재인가요. 그런가 하면, 이제 아이도 사라
지고 있습니다. 대신 그 자리에 작은 어른들이 등장합니

다. 그들은 내면에서 샘솟는 생명의 힘이 고갈된 존재일 따름입니다. 영원한 스무 살과 작은 어른은 모두 오늘날 삶의 빈곤을 보여주는 징표입니다.

고령으로의 진입

1

한 사람의 삶이 아주 오랫동안 계속될 경우에는 노년 혹은 지혜로운 인간의 단계가 삶의 마지막 시기가 아니고, 그 뒤에 고령의 시기, 노쇠한 인간의 단계가 이어집니다. 그런데 지금까지의 고찰에서 우리는 새로운 단계가 시작될 때마다 그에 앞서 위기가 찾아온다는 점을 보았습니다. 그렇다면 이 시기도 그러한지를 먼저 확인해볼 필요가 있겠습니다.

우리는 한 시기에서 다른 시기로 넘어가는 때 생겨나는 특별한 불안감을 "위기"라는 말로 지칭했습니다. 그것의 본질은 무엇입니까? 하나의 삶의 형상이 아직 삶을 지배하고 있지만, 그 속에서 살아야 할 삶이 그 의미를 다했을 때, 새로운 삶의 형식이 비집고 들어와 힘을 발휘하기 시작합니다. 삶에서 이행의 과정은 한 시기가 단번에 종결되고 다음 시기가 완전한 형태를 갖추어 바로 시작되는 식으로 진행되지는 않습니다. 새로운 시기는 삶에 대한 지배권을 차지하기 훨씬 전부터 이미 준비를 시작합니다. 마찬가지로 끝나가는 시기 역시 유효성을 잃어버린 뒤에도 상당 기간 자신의 형태를 유지하며 영향력을 발휘합니다. 다른 한편, 이행은 하나의 시기가 서서히 다른 시기로 변모해가는 방식으로 진행되는 것도 아닙니다. 두 시기는 각각 독자적 형상으로서 자기 주장을 합니다. 그래서 새로운 시기는 이전 시기의 영역 속에 침범하여 스스로를 관철하려 하고, 그로 인해 긴장과 분규가 일어나는 것입니다. 우리는 이것을 위기라고 불렀습니다.

그래서 이제 이런 물음이 떠오릅니다. 삶 전체가 끝나가는 과정에서 등장하는 마지막 시기를 독립적인 삶의 형태의 하나로 볼 수 있을까요? 그리고 이러한 삶의 형태가 완성되기 전에 어떤 위기가 찾아온다고 추측할 수 있을까요?

2

이 경우에는 그렇다고 말할 수 없을 것 같습니다. 우리가 고령이라고 부르는 시기는 쇠락밖에는 가져오지 않는 것처럼 보이니까요. 뚜렷한 본질적 특징과 고유한 생산력을 갖추고 그 속에서 특별한 가치형상을 실현하는 적극적인 삶의 근본 형식이 여기서는 보이지 않습니다.

이 시기의 긍정적인 요소로서 우리가 관찰할 수 있는 것은 지혜로운 인간의 시기에서 계속 이어지는 계기들뿐입니다. 새로운 특징이 있다면, 그러한 계기들이 고령의 시기에 이르러 한편으로는 더욱 완성되기도 하고, 다른 한편으로는 굳어버리거나, 공허해지거나, 균형과 조화를 점점 잃어가거나 하는 조짐을 나타내기도 한다는 데 있습니다.

하지만 나이가 아주 많이 든 노인들이 이와는 반대되는 인상을 자아내는 것도 드문 일은 아닙니다. 그런 분들에 게서는 내면의 고요함이 느껴집니다. 그들은 활동이 아니 라 존재에서 나오는 위엄을 지니고 있지요. 그들의 본질 속에는 영원성의 개념으로밖에 설명할 수 없는 무언가가 들어 있는 것입니다.

이러한 모습에서 지금 논의되고 있는 삶의 시기의 의미 가 드러납니다. 그것은 의심의 여지 없이 순수한 가치입 니다. 하지만 그러한 가치는, 역설적으로 표현한다면, "끝 마침Enden"이라는 일을 완수하는 데 있습니다. 완전히 끝 낸다는 것Voll-endung(독일어에서 Vollendung은 완성을 의미한 다—옮긴이). 그것은 위대한 업적을 완전하게 만드는 화룡 정점도 아니고, 어떤 비극적 운명을 견디어낸다는 의미도 아닙니다. 그것은 삶 자체가 인간에게 부여하는 과업(인간 으로서 수행해야 하는 구체적인 개별 과제 외에)을 완전하게 종 결시킨다는 것을 의미합니다. 이러한 끝마침은 삶을 무너뜨리지 않습니다. 그것은 오히려 삶 속으로 들어가며, 그 스스로 삶이 됩니다.

그런데 바로 이러한 점에서 우리의 추측이 사실로 확인됩니다. 즉 고령의 인간이 밟아가는 삶의 여정은 진정한 "형상"을 이루지 못하고, 다만 모든 형상의 붕괴 과정일 뿐이라는 것입니다. 다만 붕괴 자체에도 옳고 그름이 있습니다. 즉 완전한 종결로서의 붕괴가 있는가 하면 파멸로서의 붕괴도 있는 것입니다.

그렇기 때문에 우리가 지금까지 말한 의미에서 위기라는 말은 여기에 해당되지 않습니다. 우리가 노쇠한 인간이라고 명명한 삶의 마지막 시기는 점점 줄어든다는 것, 그리하여 타인에 의존적으로 된다는 것을 특징으로 합니다. 그러한 특징이 대단히 두드러지게 나타날 때부터 고령의 시기가 시작된다고 할 수 있습니다. 이 과정은 이를테면 어떤 질병으로 급격히 쇠약해질 때처럼 아주 갑작스럽게 진행될 수 있습니다. 하지만 눈에 띄지 않게 서서히 진행되다가, 어떤 우연한 체험을 통해 비로소 분명해지기

도 합니다. 가령 지금까지 너무나 당연하게 잘 해오던 일
이 갑자기 안 된다든가, 지금까지 누려온 권위적인 지위
가 다른 사람에 의해 무너진다든가 할 때 말입니다.

노쇠한 인간

1

지혜로운 인간 이후에 찾아오는 삶의 시기에 대해 흔히 두번째 유년기라고들 합니다. 하지만 이는 사람들이 삶의 적나라한 사실을 외면하기 위해 지어내는 흔한 감상적 거짓말에 지나지 않습니다. 실제로 아주 늙은 사람과 유아 사이의 공통점은 전적으로 외적인 특징들에 국한됩니다. 어른이라면 응당 할 수 있는 일을 하지 못하고 제 몸을 추스르지 못해서 다른 사람의 도움에 의지해야 한다는 점 등이죠…… 그렇지만 이것은 순전히 양적인 규정에 지나지 않으며, 다른 경우들, 가령 중병에 걸렸거나 심각한 부상을 입은 사람에 대해서도 얼마든지 비슷한 이야기를 할 수 있는 것입니다. 이 시기의 참된 의미는 다른 데 있습니다.

확실히 아이는 어른보다 약합니다. 스스로를 보호하고 주장할 수 있는 능력도 떨어집니다. 앞에서 이야기했던 유년기의 일부 특수 영역을 제외하면, 아이는 어른에 비해 부족한 것이 사실입니다. 그래서 아이는 어른에게 의지할 수밖에 없죠. 그렇지만 그 정도는 점점 덜해집니다. 아이는 생의 시작에 서 있습니다. 아이의 가치형상을 규정하는 지배 요인은 성장입니다. 그래서 아이의 삶의 과정은 "상승"으로 표현될 수 있습니다. 아이는 "높이" 올라갑니다. 아이에게는 올라갈 수 있는 시간이 있습니다. 눈앞에 "미래"가 펼쳐져 있으니까요. 그래서 아이의 삶의 분위기는—물론 어느 정도 일반적인 조건들이 갖추어져 있을 때 얘기지만—기대감으로 차 있습니다. 그리고 이러한 기대는 계속 충족되어갑니다. 적어도 아이가 계속 자라가고 발전하며 자신감을 키워간다는 의미에서는 분명 그러합니다.°

고령의 시기는 이와 같은 유년기와 그저 다른 정도가 아니라 완전히 정반대라고 할 수 있습니다. 이 시기의 "분위기"를 만드는 것은 현실적인 충족, 삶 자체 안에서 이룰 수 있는 충족을 더 이상 기대할 수 없다는 사실입니다. "아직" 남아 있는 것 외에 더 바랄 수 있는 것은 없습니다. 이제 삶을 위해 할 수 있는 노력은 아직 남아 있는 것을 지키는 것, 그리고 축소와 소멸의 과정을 늦추는 것뿐입니다. 그러다가 자칫하면 현실에 눈을 감게 만드는 자기기만에 빠질 위험도 없지 않지요.

2

고령의 시기의 특징은 모든 경험의 형태와 행동 동기, 활동 방식이 원천적인 독자성과 강도를 잃어간다는 데 있

○ 말하자면 삶에서 느끼는 근본적인 실망, 청춘의 환상이 약속한 바를 삶이 결코 지키는 법이 없다는 데서 오는 실망은 여기서 논외로 한다.

습니다. 충동의 강도와 깊이도 저하됩니다. 몸과 영혼이 어우러져 만들어내는 삶의 모습 전체에서 열정의 요소가 사라져갑니다. 감각적인 수용 능력도 줄어듭니다. 신체 기관들이 삐걱대기 시작합니다. 지각의 섬세함과 정확성도 떨어져만 갑니다. 새로운 상황에 적응하기가 힘들어집니다. 삶은 경직된 과정을 밟아갈 뿐입니다. 뭔가를 싸워 얻어내고자 하는 의욕이 사라집니다. 노쇠한 인간은 새로운 것에 대한 관심도 점점 줄어듭니다. 그는 시간이 갈수록 뭔가를 바꾸고자 하는 욕망을 점점 덜 느끼고 그저 평온히 쉬고 싶을 뿐입니다. 삶의 반경이 점점 좁아지는 가운데, 그 범위를 넘어서는 공공의 삶과 일에 대해서는 아무 관심도 없는 상태가 됩니다. 노쇠한 인간은 무심해집니다.

노쇠한 인간에게는 다른 사람들의 인정과 공감을 받고자 하는 소망도 없어집니다. 자신의 행동이 다른 사람들에게 어떤 인상을 주든 전혀 신경 쓰지 않는 무관심한 태도도 여기서 비롯되지요. 그러한 무관심은 자칫하면 정반대 형태로 돌변할 수 있습니다. 그래서 노쇠한 인간은 약자가 강자에게 품게 되는 무조건적 불신의 감정에 사로잡히거나, 어떤 혜택이라도 얻어내기 위해 비굴한 태도로 강자에게 다가가기도 하는 것입니다.

자신의 존재와 태도가 다른 사람들에게 어떤 인상을 주든 괘념치 않는 무관심한 태도는 그렇지 않아도 이미 노쇠한 인간의 몸에서 풍겨 나오는 전체적 느낌을 더욱 강화합니다. 그것은 쇠락의 느낌입니다. 생의 활력이 있는 사람들은 바로 이러한 느낌 앞에서 소스라치게 놀라 뒷걸음질 칩니다. 젊을수록 그런 경향은 더 심하지요.

노쇠한 인간의 영혼의 모습을 방금 그려보았습니다만, 이 역시 유사한 쇠락의 느낌을 불러일으킵니다. 특히 이 시기에 특징적인 것은 앞에서 제가 언급한 바 있는 노인의 물욕입니다. 정신적 능력이 저하되고, 영혼의 감수성, 깊이, 분별력도 떨어져갑니다. 그 대신 가장 끈질기게 살아남는 것은 원초적인 물질적 욕구, 먹고 마시고 안락함을 누리고자 하는 욕망입니다. 순전히 육체적인 것으로 국한된 성욕이 여전히 왕성하게 남아 있는 경우도 드물지 않습니다.

이상 말씀드린 것이 전부가 아닙니다. 기력이 없는 노쇠한 인간은 세상이 자신을 위협하고 있다고 느낍니다. 그래서 자기 존재와 소유를 주장하는 것으로 이러한 위협에 맞서려고 합니다. 자신의 재산과 권리, 습관, 견해, 판단에 강한 집착을 보이는 것이죠. 고령의 노인 특유의 옹고집이 나타납니다. 정말 치사하고 터무니없다 싶을 정도로 온갖 일에 고집을 부리며 남의 말을 들으려 하지 않습니다. 그는 지성과 감정이 더 이상 예전처럼 유연하지 않기 때문에 아무리 이유를 설명하고 필요성을 역설해도 납득시키기가 쉽지 않습니다.

이 모든 문제로 인해 노쇠한 인간의 전반적인 상태는 점점 더 부정적인 방향으로만 변화해갑니다. 설상가상으로 병에 걸리거나 몸이 갑자기 쇠약해지면서 상태는 더욱

악화될 수 있습니다. 통증과 신체적인 기능 장애, 이에 따른 결락 증상 등등이 나타나고, 여기에 스스로를 방치하는 태도까지 더해지면, 당사자뿐 아니라 주변 사람들에게도 상황은 더욱 견디기 어려워집니다.

저는 지금까지 노쇠한 인간의 특징으로 우선 부정적인 계기들을 주로 살펴보았는데, 그 이유는 바로 그런 계기들이 이 시기의 삶 전체상에서 특히 도드라지게 나타나기 때문입니다. 하지만 누구나 기본적으로 알고 있는 것처럼, 살아 있는 인간 속에 오직 부정적인 성향, 부정적인 과정, 부정적인 상태만 있을 수는 없겠지요. 삶의 모든 요소들 속에는 긍정적인 측면이 있게 마련이고 또 긍정적인 가능성도 열려 있습니다. 고령의 시기라고 해서 여기서 예외가 될 수 없습니다.

실제로 우리는 주변에서 호감을 주는 고령의 노인을 어렵지 않게 만날 수 있습니다. 그런 노인들에게서는 친근한 평온함이 느껴집니다. 그들은 주위 세계와 아주 자연스럽게 어울려 존재합니다. 많은 어려운 문제가 그들의 풍부한 삶의 경험을 통해 큰 소란 없이 해결됩니다. 우리가 일상에서 만날 수 있는 이런 노인들은 문학이나 미술에서 볼 수 있는 위대한 인물들과 일맥상통하는 데가 있습니다. 그들은 고령에 이른 인간이 자기를 올바르게 이해하고 올바르게 행동할 때 과연 무엇이 가능한지를 몸소 보여줍니다.

그런데 이를 가능하게 해주는 것은 바로 앞에서 언급한 대로 삶이 가라앉고 있다는 사실 자체입니다. 이러한 사정으로 인해 노쇠한 인간은 때로 생존 투쟁으로까지 치닫는 삶의 수고에서 해방되어 있습니다. 그의 내면은 서늘하게 식어 있는 까닭에 주어진 것에 쉽게 만족할 수 있습니다. 그는 또한 많은 경험을 하고 이제는 삶에서 한 발짝 물러서 있기에 다른 사람을 이해하고 북돋아줄 줄 압니다.

3

우리의 목적은 인간의 성장이라는 현상을 그 자체로 보려는 것이 아니라 그 성장의 윤리적, 교육적 의미를 밝히는 것입니다. 따라서 고령의 시기에 관한 고찰에서도 중요한 것은 다음과 같은 물음입니다. 고령의 시기에 처한 인간에게는 어떤 윤리적 과제가 주어지는가? 그리고 이 시기에는 어떤 교육적 가능성이 있는가?

우리가 지금까지 본 것처럼, 노년의 시기에서는 어떤 고유한 가치형상이 나타나지 않습니다. 즉 그 시기의 구조에 근거를 두고, 그 시기의 삶에 자연스러운 동력을 부여하며, 쉽게 이해할 수 있는 긍정적 윤리적 규범을 발전시킬 수 있는 그러한 가치형상이 없다는 것입니다. 다만 우리가 가치형상이라고 하는 것을 끝마침의 관점에서 구성하기로 한다면 얘기는 달라집니다. 그러한 가치형상을 규정하는 지배 요인은 우리 시대가 잊어버린 계기 속에 들어 있습니다. 오늘날보다 현명했던 시대에 사람들은 그것을 "죽음의 기술"이라고 불렀지요.

죽음은 의사가 위독하다는 진단을 하기 훨씬 전부터 시작됩니다. 기력이 떨어지고, 삶의 반경이 좁아지고, 타인에의 의존 정도가 커지는 것과 같은 쇠락의 과정이 삶의 분위기를 지배하는 순간부터 이미 죽음은 시작되는 것입니다. 그러니까 고령의 시기에 어떤 가치형상이 있다면, 그것의 핵심은 죽음을 향해 올바르게 나아가는 데 있다고 할 수 있을 것입니다.

그러나 앞에서 이미 말씀드린 것처럼 우리 시대는 "삶"을 오직 청춘의 활기가 넘치는 상태로만 생각합니다. 죽음은 한갓 부정성일 따름입니다. 사람들이 죽음에 어떤 의미를 부여한다면, 올바른 죽음, 용감한 죽음, 더 나아가서 비극적이고 위대한 죽음…… 이런 정도가 전부일 것입니다. 그렇지만 이와 같은 죽음에 대한 가치 평가도 말하자면 삶이 끝나는 죽음의 순간에만 관련되어 있을 뿐이며, 게다가 보통은 장식적 수사 이상의 의미를 지니지 못합니다. 이전 시대의 사람들은 죽음을 영원에 대한 궁극적 결정으로 이해했기에, "좋은" 죽음, "복된" 죽음에 대해 절대적 의미를 부여할 수 있었지요. 하지만 우리 시대에 그러한 절대적 의미를 지닌 죽음은 더 이상 생각할 수 없는 것이 되고 말았습니다. 그리고 이는 삶 자체 속으로 미리 들어와야 할 죽음의 의미마저 실종되는 결과를 낳았습니다. 죽음을 향해 다가갈 때만 얻을 수 있는 인간 삶의 중요성과 위엄이 있다는 것은 망각되었습니다.

이 모든 것의 결과로 오늘날 인간의 의식 속에서 죽음은 어떤 긍정적인 가치도 지니지 못하게 되었습니다. 죽음은 그저 중단에 지나지 않습니다. 중단도 보통 중단이 아니라 매우 공포스러운 상황 속에서 일어나는 중단입니다. 그래서 죽음은 보이지 않는 곳으로 치워져버렸고, 그러다보니 늘 준비되지 않은 상태에서 찾아오게 된 것입니다. 이제 죽음과 죽음 이전에 놓여 있는 긍정적 죽음 사이에는 아무런 연결도 존재하지 않습니다. 감각적 체험의 차원에서 죽음은 그저 "밖에서" 닥쳐오는 것입니다. 고령의 시기에 죽음을 예고하는 여러 징후들은 삶의 맥락으로

편입되지 못하며, 삶은 그것을 어쩔 수 없이 묵인할 따름입니다.

4

고령의 시기가 안고 있는 윤리적, 교육적 과업은 관점에 따라 두 가지로 나뉩니다.

첫번째로 언급해야 할 시급한 과업은 노쇠한 인간의 주변 사람들에게 주어집니다. 이 시기의 특징이 삶의 에너지가 빠져나가는 데 있다면, 이렇게 끝나가는 삶을 지탱해주는 주변 사람들이 담당해야 할 몫도 그만큼 늘어납니다. 그들의 과업은 물론 약해져가는 노인을 돕는 데 있지만, 더 근본적으로는 노인을 견디어내는 것에 과업의 핵심이 있다고 할 수 있습니다.

왜냐하면 고령에 이른 노인을 견디어내기란 결코 쉽지 않기 때문입니다. 그의 삶, 그를 둘러싼 삶은 이제 정체 상태에 빠집니다. 그에게서 더 이상 다양한 모습이나, 의

외의 모습, 흥미로운 면을 찾아볼 수 없게 됩니다. 그는 심지어 하는 말이나 동작에 이르기까지 그야말로 모든 것을 늘 똑같이 반복합니다. 기존의 것을 고수하고 집착하는 태도는 늙어갈수록 더 심해져갑니다. 그러한 노인의 약점은 주변에 과도하게 민감하게 반응하거나, 사람들을 불신하거나, 속내를 감추고 심지어 음흉한 수작을 꾀하는 등의 양상으로 표출됩니다. 그는 아주 먼 과거의 일들을 아주 또렷이 기억하여 같은 이야기를 지겨울 정도로 똑같이 반복하고, 그것을 기준으로 삼아 요즘 세태에 대해 불평합니다. 이에 반해 비교적 최근에 일어난 일들, 심지어 금세 있었던 일조차 까맣게 잊어버리기 일쑤죠. 이로 인해 오해와 불쾌한 일들이 쌓여가고, 상황은 점점 더 견디기 힘들어집니다. 신체적인 상태에 대해서도 생각해볼까요. 노쇠한 인간은 몸에 온갖 병을 달고 사는 데다, 자기몸을 잘 돌보지 않는 경향이 있고, 주변 사람들의 감정에 대해서도 무관심합니다. 그러다보면 아주 가까운 관계에 있는 가족과 친지조차 지쳐서 아예 정이 떨어져버릴 수 있습니다. 더 이상 애정으로 그를 감싸고 보살펴줄 수 없게 되는 것이죠. 하물며 가까운 친지조차 아닌 사람의 경우는 어떻겠습니까. 그러니 경험 많은 간병인들이 왜 고령의 노인을 돌보는 것만큼 커다란 헌신을 요구하는 일은 있을 수 없다고들 말하는지도 어렵지 않게 이해하실 수 있을 겁니다.

주변 사람들에게 주어진 윤리적 과업은 이 점에서 참으로 감당하기 어려운 것입니다. 그것은 에너지와 헌신을 동시에 요구합니다. 무엇보다도 대단히 큰 인내심을 자기 자신에게서 매번 새로 끌어낼 수 있어야 합니다. 이러한 어려움은 더구나 미래에 대한 전망이랄 게 없고, 기대할 수 있는 것이라고는 그저 원만하고 합리적으로 함께 지내는 것 이상이 될 수 없기 때문에 더욱 큰 부담으로 다가옵니다.

이때 가장 바람직한 상태는 주어진 것을 당연하게 받아들이는 평정심입니다. 좋지 않은 상황이라도 당연한 것이라고 생각할 수 있으면 더 쉽게 견디어낼 수 있고, 또 장

기적으로 볼 때도 그런 태도가 가장 효과적이지요. 당연하게 받아들일 줄 아는 사람은 있어서는 안 되는 일이 일어나지 않게 막고, 과민 상태를 가라앉히고, 은밀하게 감추어진 문제들을 해결하는 등의 과제를 가장 쉽게 해낼수 있습니다. 그런데 이와 같은 마음을 얻기 위해서는 인생의 큰 맥락을 보는 시야가 필요합니다. 그리하여 누구나 언젠가는 이러한 노쇠한 상태에 빠지게 된다는 것을 인식할 수 있어야 합니다.

상황을 좀더 쉽게 견딜 수 있게 해주는 또 다른 비법은 유머입니다. 자기 고집만 내세우고, 불평만 늘어놓고, 뭐든 의심하기 좋아하는 노인은 식구들을 절망에 빠트립니다. 이럴 때 식구들이 마음속으로라도 거리를 두고 상황을 바라볼 수 있다면 정말 훨씬 더 편안해질 수 있습니다. 노인의 욕구와 그가 처한 초라한 현실 사이의 엄청난 불균형이 참으로 우스꽝스럽지 않은가요? 그걸 보면서—당연히 속으로만!—웃는 겁니다. 그러면 적어도 그 순간만큼은 모든 게 삶의 어리석음 속에 녹아버릴 테니까요.

이와 같이 숨통을 틔워주는 환기 장치를 마련하는 것이 중요합니다. 참기 어려운 노쇠한 인간을 견뎌야 하는 상황이 계속되다 보면 아주 나쁜 결과가 빚어질 수 있기 때문입니다. 노인이 죽기를 바라는 마음이 생겨납니다. 심지어 그런 말이 직접 튀어나오거나 행동으로 드러나기까지 하지요. 그 정도로 거칠게 드러나지는 않더라도, 스스로에 대해 자신하지 못하는 노인의 감정은 미묘한 징후에서도 식구들의 그런 마음을 포착하게 마련입니다. 그런데 내면에 존재하는 모든 충동은 현실이 되고자 하는 경향이 있습니다. 그리고 어떤 문명의 진보도 이를 근원적으로 차단하는 안전장치를 만들어내지는 못했지요. 옛날에는 노쇠한 인간을 위험으로 여기고 죽였습니다. 그런데 최근에 이르러서도 과학적 정밀성과 엄격한 체계를 갖춘 공식 이론의 토대 위에서 똑같은 짓이 저질러졌습니다. 누구도 "나하고는 먼 얘기야"라고 말할 수 없을 겁니다. 여러분이 자기를 관찰할 줄 알고, 자신의 실수나 꿈을 이해할 수 있다면, 때때로 스스로의 내면에서 일어나는 충동에 경악한 경험이 있을 것입니다. 요즘 어떤 이들은 집에서 돌봐 드릴 수 여건이 되는데도 노인을 양로원으로 추방해버리는 길을 택합니다. 그것이 나치 시대의 "우생학자들"이 저지른 악행과 무엇이 다를까요.

또한 잊어서는 안 될 사실은, 젊고 강한 사람이 노인을 책임지는 것이 비단 노인만을 위한 것은 아니라는 사실입니다. 제 기억이 맞다면 아마도 프리드리히 빌헬름 푀르스터Friedrich Wilhelm Foerster(1869~1966. 독일의 교육자이자 철학자—옮긴이)였을 텐데요, 그는 건강 자체가 초래하는 위험을 지적한 바 있습니다. 바로 건강이 인간을 거칠게 만들고, 깊은 의미에서 인간을 어리석게 만든다는 것입니다. 고대의 현자라면 이렇게 표현하지 않았을까요? 건강은 인간을 운명에 취약한 존재로 만든다고. 강한 자는 약한 자를 돌봄으로써 자기 자신도 보호받습니다. 그는 노인의 곤경을 이해하고 노인을 배려하는 가운데 자신의 생에 대해 품는 조바심을 다스릴 수 있게 되며, 이러한 자제

력은 한순간에 삶을 무너뜨릴 수 있는 많은 위험에서 그를 지켜줄 것입니다.

더 나아가 노인을 돌보는 사람은 인간 존재 자체의 취약성에 대해, 그리고 건강한 삶의 활력에 가려 보이지 않던 깊은 가치들에 대해서도 더욱 깊이 이해하게 됩니다. 만약 우리가 생의 마지막을 향해 가라앉아가는 노인에게 친절을 베풀 줄 모르고, 계속 더 좁아지기만 하는 노인의 삶에 도움을 제공하기를 거부한다면, 삶이란 게 도대체 무엇인지, 삶의 비극이 얼마나 가혹한지, 삶의 고독이 얼마나 깊은 것인지, 그리고 우리 인간들이 얼마나 서로 깊이 연결되어 있는지 깨달을 수 있는 소중한 기회를 발로 차버리는 셈입니다.

5

그러나 지금까지의 이야기는 삶의 이 마지막 시기에 제기되는 윤리적 과업이라는 문제의 답으로서는 아직 반쪽

짜리에 지나지 않습니다. 인간 실존의 문제를 해결함에
있어서 노쇠한 인간 자신이 어떤 역할을 해야 하는지는
아직 이야기되지 않았으니까요. 인간은 어떤 경우에도 단
순한 대상으로 머물러 있을 수 없습니다. 인간은 본질적
으로 인격체이고, 따라서 항상 자기 자신의 삶의 주체인
것입니다. 물론 그가 가진 정신과 영혼의 힘이 어느 정도
인가에 따라 그가 주체로서 떠맡아야 할 책임의 크기도
달라지게 마련이지요. 그리고 그의 힘이 감당할 수 있는
정도를 넘어서는 요구는 무의미합니다. 그러나 아직 자신
의 삶을 스스로 관찰하고 인식할 능력이 있는 한, 인간에
게는 여전히 뭔가를 잘할 가능성과 잘하지 못할 가능성이
모두 열려 있습니다. 따라서 삶이 제기하는 과업은 곧 그
자신의 과업일 수밖에 없는 것이지요. 그러므로 그는 알
아야 합니다. 다른 사람들에게 요구만 할 것이 아니라 스
스로도 뭔가를 해내야 한다는 사실을 말입니다.

　고령의 노인들 가운데는 자신의 운명에 끊임없이 거스
르려 하는 사람들이 있습니다. 그런 노인들은 자신의 욕

구를 충족시켜줄 약간의 거리라도 있으면 무슨 술수나 억지를 써서라도 얻어내려고 혈안입니다. 그리하여 자기도 괴롭고, 또 남들에게는 더 큰 고통이 되지요. 한마디로 추하고 하찮은 존재가 될 뿐입니다. 그러나 그렇지 않은 노인들도 있습니다. '이런 분을 알고 지낸다니 나는 참 축복받았구나' 하는 생각이 들게 만드는 그런 노인들 말입니다. 하나의 긴 생애가 이제 끝에 이르러 고요 속에 잠겨 있습니다. 일도, 사랑도, 번뇌와 고통도 이제 모두 과거의 일입니다. 하지만 이 모든 것이 다 그대로 그들의 얼굴에, 손에, 태도에 담겨 있습니다. 이 모든 것이 늙은 목소리로 말하고 있습니다. 그런데 이러한 경지를 이룬 것은 노인 자신입니다. 다르게 바꿀 수 없는 것을 늘 순순히 받아들이는 달관으로, 자기 외에 남들도 있다는 것을 인식하고 그들의 짐을 덜어주려는 선한 마음으로, 용서가 심판보다 낫고 인내가 폭력보다 강하며 삶의 깊은 의미는 소란이 아니라 고요 속에 있다는 통찰이 그러한 경지를 가능하게 합니다.

늙는다는 것은 죽음에 가까워진다는 뜻입니다. 늙을수록 죽음은 더 가까워지지요. 죽음이 다가옴에 따라 실존의 근원이 드러납니다. 이제 가장 근본적인 질문을 던지지 않을 수 없게 됩니다. 죽음이란 공허로 해체되는 것인가 아니면 진정한 것의 세계로 들어가는 것인가? 이 물음에 대해서 답을 줄 수 있는 것은 오로지 종교뿐입니다. 신에 대한 믿음 없이 늙는 건 좋지 않습니다. 어떤 미사여구로도 근원적인 문제를 피해갈 수 없으니까요. 노인의 삶에서 핵심은 기도일 수밖에 없지요. 어떤 종류의 기도이든 말입니다.

노쇠한 인간에게 주어지는 윤리적 과제는 일정한 범위에 한정되기 마련입니다. 게다가 날이 갈수록 점점 더 그 범위는 좁아지지요. 만일 그가 상황을 잘 다스리는 데 그러한 한계 이상의 몫을 맡을 수 있으려면, 이전 시기에 충분한 준비가 이루어져 있지 않으면 안 됩니다. 쇠약한 고령의 시기를 뭔가 의미 있는 것으로 만들기 위해서는 앞에서 이야기한 시기, 여전히 활력을 지닌 노년기에 이미 죽음을 받아들였어야 합니다. 그때 죽음에 대한 생각을 거부하면서 계속해서 미래에 대한 환상만을 품은 사람은 고령에 이르러서는 한없이 비참해질 따름입니다.

지금까지의 고찰에서 우리는 삶의 각 시기를 받아들이는 것이 곧 삶의 윤리적 과제를 완수하는 데 핵심적인 의미를 지닌다고 이야기해왔습니다. 존재하는 것을 받아들이는 것은 언제나 존재해야 하는 것[당위]을 만들어내기 위한 출발점이었던 것입니다. 그렇지만 저물어가는 삶을 있는 그대로 받아들이는 것은 노쇠한 인간으로서는 혼자 감당하기 힘든 과제가 됩니다. 그는 그러기에는 너무 빈약해져 있지요. 기껏해야 체념, 즉 자신의 무기력을 인정하는 부정적인 태도를 넘어설 수 없는 것입니다. 그래서 인간은 완숙한 지혜에 이른 노년기에 이미 죽음을 받아들여야 합니다. 이때부터 벌써 죽음을 바라보며 살아야 하고, 자신에게 아직 주어진 시간과 힘, 역량을 선물이라고 생각해야 합니다. 그럴 때에만, 말하자면 이렇게 죽음을 받아들일 수 있는 준비를 미리미리 해두었을 때에만, 그는 삶의 마지막 시기를 단순한 침몰의 쓰라림이 아닌 어떤 것으로 만들 수 있는 것입니다.

여기에는 특별히 강조해두어야 할 또 다른 문제가 있습니다. 고령에 이른 인간은 주변 사람들이 자신에 대해 어떻게 느낄지에 대해 더 이상 아랑곳하지 않게 될 가능성이 큽니다. 그것은 고령의 시기를 주변 사람들에게뿐만 아니라 당사자 자신에게도 더더욱 비참하게 만드는 원인이 됩니다. 하지만 고령의 노인에게 깨끗하게 하고 다녀야 한다느니—보통 이 시기의 노인들이 잘 그러듯이—냉소적인 말이나 태도를 보이지 않도록 조심해야 한다느니, 예의를 잘 갖추어야 한다느니 하며 잔소리해봐야 별 소용이 없습니다. 만약 그가 예전부터, 그러니까 정말 일찍부터, 어렸을 때부터, 자기를 다스리고 질서를 지키고 남을 배려하는 마음가짐을 키워오지 않았다면 말입니다.

그렇지만 이러한 마음가짐을 분명히 다져두는 것은 특히 생의 마지막 시기를 준비해야 하는 완숙한 노년기의 과제가 됩니다. 이 시기의 노인에게는 자기를 다스리는 규율, 예절의 형식을 내팽개치고픈 유혹, 노인이 누릴 수 있는 자유를 이용하여 예전 같으면 비난이 두려워서 하지 못했던 일들을 해보고 싶은 유혹이 자주 찾아옵니다만, 그럴 때마다 그는 속으로 이렇게 말하며 마음을 다잡아야 할 것입니다. 말년이 추하고 지저분해지는 꼴을 보고 싶지 않다면, 그러한 유혹에 넘어가서는 안 된다.

6

삶의 마지막 시기가 삶 전체에 대해 갖는 비중을 생각한다면, 우리는 지나치게 많은 시간을 이 시기에 할애한 것이 사실입니다. 그러나 오늘날 고령의 시기는 점점 더 중요해지고 있는 것처럼 보입니다. 인구통계에서도, 또한 의사들의 얘기에서도 드러나는 바이지만, 평균 수명—"기대 수명"이라고도 하죠—은 빠르게 늘어나고 있습니다. 사망 원인들에 대한 대응은 예전보다 더 강력해졌고, 앞으로도 더욱더 강력해지겠지요. 의학은 노인들의 상태에 대한 더욱 정확한 이론을 발전시키며 이에 따른 치료를 제공하고 있습니다. 노인병학과 노인병치료라고 하는 말이 생겨났습니다. 또한 사회복지는 평균수명이 더 늘어날 수 있는 물질적 조건을 제공합니다.

이 때문에 인구정치학적, 사회학적, 경제학적 문제들이 점점 더 긴급한 사안으로 떠오릅니다. 그렇지만 또 다른 변화도 일어나고 있습니다. 노인이 주목받고, 노인의 의미가 무엇인가 하는 문제가 제기되기 시작한 것입니다.

고도의 문명을 이룬 민족들, 특히 성서의 계시를 가치의 척도로 삼은 민족들에게는 고령이 종교적인 것에서 기원하는 어떤 존엄성을 지닙니다. 하느님의 네번째 계명(네 아버지와 어머니를 공경하라—옮긴이)은 경외敬畏의 에토스를 발전시켰고 그 영향력은 오래 지속되어왔습니다. 그런데 근대의 경험은 이러한 성격을 퇴색시키고 말았습니다. 20세기에 와서는 젊음이 곧 가치 있는 삶이라는 생각이 완전히 지배적인 분위기가 되었지요.

    나치의 12년은 바로 여기서 문제에 대한 "해결책"을 찾았던 것입니다. 그 해결책이란 적나라한 물질주의의 야만이었죠. 현재 나치의 야만은 극복된 과거가 되었습니다만 나치의 정신을 낳은 전제 조건들, 그리고 나치가 대응하고자 했던 사회적 현실은 여전히 존속하고 있고 어떤 의미에서는 더 강력해지고 있습니다. 그래서 우리는 이렇게 이야기할 수 있을 것입니다. 인간이 인간으로서 지니는 가치는 점점 더 저하되고 있다고, 인구 증가와 사회 기술의 발달에 따라 인간은 점점 더 거침없이 "처리"되고 있으며, 따라서 언제 또 저 "해결책"이 은밀하게, 한결 세련된 형태로 되돌아올지 모르는 일이라고 말입니다. 이것은 결코 과도한 비관론자의 넋두리가 아닙니다.

되돌아보며

1

최후에 대해, 죽음 자체에 대해서는 다른 기회에 더 이
야기해야 할 것 같습니다.

이때 저는 죽음이라는 현상과 관련하여 그동안 얼마나
커다란 파괴가 일어났는지를 밝히려 합니다. 죽음에 대한
무의미한 공포가 이에 못지않게 무의미한 끝장내기의 "에
토스", 공허한 죽음의 신화, 냉혹한 기술적 살인 등의 문
제와 밀접하게 관련되어 있다는 것을 밝힐 것입니다.°

° 이에 대해서는 Guardini, *Die letzten Dinge*, 4판, Würzburg 1956을 참
조할 것.

여기서는 우리가 지금까지 밟아온 여정을 다시 한 번 되돌아봅시다. 차례차례 나타난 삶의 시기와 그 사이의 위기들. 태아기, 출생, 유년기, 사춘기, 청춘, 현실 경험, 성년, 한계 경험, 성숙, 끝맺음의 경험, 노년과 지혜, 그리고 고령으로의 진입, 노쇠함 등이 그것들이죠……

이 시기들이 모여 삶 전체를 만듭니다. 그렇지만 이 시기들을 다 거쳐야 비로소 전체가 이루어지는 것이 아니고, 전체는 원래부터 늘 있는 것입니다. 처음에도 있고, 마지막에도 있고, 삶의 모든 시기 각각에 전체는 늘 현전합니다. 전체는 각각의 시기를 떠받치며, 해당 시기가 그 시기 자체가 될 수 있도록 만들어주는 것이죠.

역으로 각 시기는 전체를 위해서, 그리고 나머지 모든 단계를 위해서 존재합니다. 그래서 어떤 시기가 손상되면 그것은 삶 전체에, 그리고 다른 모든 시기에 손상을 가져옵니다. 가령 청년에게는 올바르게 살아온 혹은 잘못 살아온 유년기가 남아 있습니다. 또한 성년의 인간 속에는 청년의 활력이, 성숙한 중년 속에는 성년의 왕성한 역량과 경험이 들어 있습니다. 그리고 노년은 삶 전체의 유산을 간직하고 있지요. 고령의 시기가 긍정적 의미를 획득하기 위해서는 그 이전 시기에 죽음을 단순히 외면하지 않고 죽음과 뭔가 다른 관계를 정립하지 않으면 안 됩니다.

다른 한편 각 시기는 그 자체로 고유한 형상을 이루고 각자에 고유한 의미를 지니고 있어서 다른 어떤 시기로도 대체될 수 없습니다. 이로부터 미처 살펴보지 못한 수많은 문제들이 생겨납니다.

2

지금까지 말씀드린 내용이 혹시라도 잘못 이해되지 않기를 바라는 마음에서 강조해두고 싶은 것은, 지금까지 제시된 삶의 시기에 대한 묘사가 기본적으로 남성의 관점을 반영하고 있다는 사실입니다.

삶의 시기를 여성의 관점에서 관찰하고 묘사하는 일은 제가 할 수 있는 일은 아닌 듯합니다. 그것은 여성이 할 수 있는 일이고, 또한 매우 긴급한 과제이기도 합니다. 우리 시대의 불행한 경향 가운데 하나는 성 차이를 없애려는 것입니다. 이를 정당화하는 근거 가운데 하나로 사람들이 내세우는 것이 모든 영역에서 "양성 평등"이 확립되어야 한다는 논리인데요, 바로 이러한 논리가 특히 파괴적인 작용을 하고 있다고 생각됩니다. 사회에서 이런 식의 경향은 언제나 복잡하게 얽혀 있는 다양한 이해관계와 노선들의 형세 속에서 작용하게 마련이지요. 그리고 그렇게 얽혀 있는 실타래를 잘 분간할 줄 아는 사람이라면, 남녀의 차이를 없애려는 경향이 실제로는 여성의 고유한 특성을 파괴하여 오히려 더욱 철저하게 그들의 권리를 박탈하는 결과를 낳는다는 점을 분명하게 인식할 수 있을 것입니다.

권리의 균형이라는 목적에 이르기 위해서는 고유한 특성을 펼쳐나갈 수 있게 하는 것 외에 다른 길이 없습니다. 오직 고유함 속에 의미가 있고, 오직 고유함 속에서만 진정한 힘이 생겨나기 때문입니다.

부록

[윤리학 강의] 나이와 철학

[라디오 연설] 늙는다는 것에 관하여

나이와 철학

　여러분이 보여주신 우정 어린 마음에 먼저 감사의 말씀
을 전하고 싶습니다. 아마도 내일 날짜와 관련이 있는 것
이겠지요?(과르디니의 70회 생일─옮긴이) 진심으로 감사합
니다. 저는 지금까지 대학 강의실에서 만나는 학생들과
늘 긴밀한 유대감을 느껴왔습니다만, 이 윤리학 강의에서
는 그런 감정이 특히 강렬하게 느껴졌습니다. 그것은 이
강의가 저의 작업 전체에 대한 종합의 의미를 지니고 있
기 때문이 아닐까 합니다.

　그것은 강의의 방대한 양에서도 드러납니다. 첫번째 강
의는 일곱 학기나 이어졌습니다. 그런데 일단 거기서 강
의를 중단하지 않을 수 없었지요. 강의의 마지막 부분에

서 기독교 윤리 학설을 다루려고 계획했지만, 그 문제에 대해 저 자신이 뭔가 명확하게 파악하지 못한 것이 있었기 때문입니다. 그러고 나서 그다음 학기에 처음부터 다시 강의를 시작했습니다. 그래도 이번에는 끝까지 잘 갈 수 있지 않겠나 싶습니다.

이 강의에서 제가 말하는 "윤리학"이란 당위와 금지, 그리고 이 두 가지에서 파생되는 문제들에 대한 연구를 넘어서는 무언가를 의미합니다. 제게 윤리학의 과제는 곧 인간의 삶 자체를 해석하는 데 있습니다. 다시 말하면 인간에게 어떤 윤리적 의무가 주어져 있는지, 그리고 그런 윤리적 의무의 이행이 인간에게 어떤 존엄성을 부여하는지 묻고 그러한 측면에서 인간의 삶이 지니는 의미를 해석하는 것입니다. 그래서 이 강의에서는 인간이 살아갈 때 그런 일들이 어떻게 이루어지는지, 어떤 식으로 올바른 일이, 또는 잘못된 일이 행해지는지 등의 문제에 관해 윤리학적 관점에서 이야기하고자 합니다.

그런데 제 강의에 여러분이 이렇게 활발하게 참여하는

것을 보면, 이러한 주제가 여러분에게도 중요한 것임을 새삼 확인하게 됩니다.

하지만 이것이 제가 하고자 하는 이야기의 전부는 아닙니다. 머릿속에서 온갖 생각이 스쳐가는 중에, 노년의 시기까지 포함해서 여러 삶의 시기들이 철학적 인식에 어떤 의미를 지닐까 하는 문제에 대해서 이런저런 생각을 하게 되었는데, 그러다가 아마 여러분도 이런 문제에 흥미를 가지지 않을까 하는 생각이 들었습니다. 더구나 이 문제는 계획된 강의 전체의 맥락 속에도 잘 부합하는 것이니 말입니다.

저는 여기서 그저 지당한 이야기, 이를테면 철학적 통찰에 다다르려면 삶의 모든 시기에 걸쳐서 다른 사람들이 인식한 것을 자기 것으로 소화하고 스스로 보는 연습을 하며 연구하는 태도로 문제 속으로 깊이 파고들어야 한다는 식의 당연한 이야기를 하려는 것이 아닙니다. 제가 말씀드리려는 것은 본격적인 사유 이전에 놓여 있는 어떤

것, 즉 삶의 상이한 단계들 자체 속에 들어 있는 경험의
가능성들에 관해서입니다. 그러한 경험이 바탕이 될 때
철학적 사유가 이루어질 수 있으니까요.

먼저 유년기에 대해서 살펴봅시다.

유년기는 철학하기와 아무런 상관이 없습니다. 아이들
로서는 다행스러운 일이죠. 철학한다는 것은 무엇보다도
어떤 자각에 이른다는 것, 그러한 자각 속에서 존재를 인
식하고, 그것에 대한 책임을 떠맡는다는 것을 의미하니까
말입니다. 아이는 단순히 존재하고 살고 자라면 됩니다.
그렇지만 아이도 계속해서 뭔가를 경험합니다. 자신의 존
재 전체로, 그것도 두 번 다시 맛보지 못할 정도로 강렬하
게 말이죠. 제 견해입니다만, 한 철학자의 철학에는 그가
진정 제대로 된 유년기를 겪었는지가 드러납니다. 왜냐하
면 그 이후의 모든 시기에 지속적으로 영향을 미치게 될
전제 조건들이 이 시기에 형성되니까요.

개인의 유년기가 인류 전체 역사에서 신화 시대에 해당
하는 단계를 재현하는 것이라는 말에는 어느 정도 일리가

있습니다. 그래서 이 시기에는 내면의 영혼과 외부의 사물, 생명체와 장난감, 제의와 현실, 환상과 운명이 서로를 넘나듭니다. 세상 만물의 친연성이 체험됩니다. 모든 것이 분리되어 있으면서도 가까이 있고, 전체가 인간을 향해 다가오고, 또한 인간에게서 전체가 발원합니다. 이 모든 것 속에 존재의 비밀스러운 토대가 놓여 있습니다. 그리고 주위의 소음이 뒤덮어버리지 않는다면 그 속에서 신의 목소리를 들을 수 있지요. 진정한 교육자, 지혜로운 시인들이 아이들에게서 예언자적인 면모를 발견하곤 하는 것도 이 때문입니다. 유년기의 이러한 경험은 철학적 정신의 근본 바탕에 속합니다. 이때를 놓치면, 잃어버린 것을 만회할 수 있는 기회는 다시 찾아오지 않습니다. 그것은 참으로 중요한 것의 결핍이 아닐 수 없습니다.

바로 이 시기에 평생 동안 계속될 기본적 경험이 시작됩니다. 잠들고 깨어나기, 배고픔과 배부름, 고통스러움과 쾌적함, 불안과 안정, 주기와 받기, 장난감과 사물에 대한 경험 말입니다. 또한 가장 직접적인 인간관계 역시 이 시기에 처음으로 경험하게 됩니다. 엄마 배 속에서의 삶, 탄생의 사건, 그리고 엄마 아빠와의 관계 등. 같은 핏줄로 이어진 친숙한 관계 속에서도 "타인"의 낯섦을 경험한다는 사실도 빼놓을 수 없겠네요. 형제 관계 말입니다. 아이는 만물 안에서 통일을 체험합니다. 동시에 만물을 관통하는 분리도 체험하지요. 이렇게 하여 수많은 개인들이 얽혀 사는 사회의 구조 속에 입문하는 것입니다.

그러니까 바로 이것이 모든 사유를 떠받치는 근본 경험이 아닐까요? 그리고 바로 이 경험 속에 철학의 뿌리가 놓여 있는 게 아닐까요?

이제 유년기가 저뭅니다. 물론 유년기가 마냥 행복한 것만은 아닙니다. 모든 인간사가 그렇듯이, 아이의 삶에도 기쁨과 괴로움, 순수함과 죄로 인한 가책이 뒤얽혀 있습니다. 그리고 이제 사춘기라는 위기를 거쳐 청춘의 시간이 도래합니다.

이 시간도 특별히 중요한 의미를 지닙니다. 이제 개인

은 삶 속에서 어떤 고유한 성향을 발견하게 됩니다. 이를 참되게, 깊이 있게 자기 것으로 만들지 못하면 철학하기란 불가능합니다. 무조건적인 것, 절대적인 것에 대한 성향이 바로 그것입니다. 개인마다 어떤 면에서 그러한 성향이 나타나는지는 여기서 상세히 논하기 어렵습니다. 그것은 이념일 수도 있고, 윤리적 요구일 수도 있고, 삶의 발전을 좌우하는 본질적 규범이나 그 밖에 다른 것일 수도 있겠지요. 외부적 억압에 부딪히지만 않는다면, 여기서 청년의 사고는 절대적인 것에 대한 외경심과 신뢰를 받아들이게 됩니다. 사물의 올바른 질서가 존재한다는 믿음, 우리가 그 질서를 실현할 수 있다는 자신감, 불의 앞에서 고뇌하고 타협을 거부하는 순수함 등을 배우는 것입니다. 이러한 태도는 이후의 모든 일에 결정적인 영향을 미치지요.

물론 나중에 가면 예외가 생기고, 원칙에서 벗어나는 것과도 엮이게 마련입니다. 그렇지만 사유하는 자에게 무조건적인 것에 대한 의식을 획득한다는 것이 얼마나 중요한지는 두말할 나위도 없습니다. 결코 훼손할 수 없는 것, 빛나는 것, 강력한 것에 대한 의식. 이는 정신 및 인격과 대단히 본질적인 관계에 있으며, 존재, 진리, 규범, 질서 같은 이름으로 나타납니다. 무조건적인 것을 지니지 못한 정신은 불구일 뿐입니다. 불구의 정신을 지닌 사람은 철학을 그만두어야 합니다.

방금 말씀드렸다시피, 청년기가 지나고 나면 삶 자체가 무조건적인 것에 대한 관념을 수정하는 시간이 찾아옵니다.

인간은 젊을 때 주로 근본 원리를 생각하기를 좋아하지만, 이제는 사실을 직시하는 법을 배워갑니다. 그는 청년기에 삶의 계획을 세웠습니다. 그런데 이제는 삶이 어떤 것인지 명확히 인식하고, 이와 함께 존재하는 것의 권리를 인정하기 시작합니다. 이전 단계에서 그에게 가장 고유한 사유 형식은 "이것이냐 저것이냐"였습니다. 그런데 이제는 그 사이에 다양한 단계가 있음을 인정해야 한다는 것, 용서할 줄 알아야 한다는 것, 또한 가능한 범위 안에서의 타협이 필요하다는 것을 이해하기 시작합니다.

철학을 하려는 정신에게 중요한 것은 무엇일까요? 절대자가 결코 삶 속에 단순하고 분명한 형태로 존재하지 않는다는 것, 오히려 많은 제약 조건들 속에 얽혀 있고 불확실한 것들 속에 둘러싸여 있다는 것을 인식해야 합니다. 그리고 이러한 인식이 낳는 과제를 떠맡아야 합니다. 이런저런 조건에 예속되어 있는 것들 사이에서 무조건적인 것을, 흐르고 변화하는 사물들 가운데서 영원하고 타당한 것을 올바르게 보존하라는 과제를 받아들여야 하는 것입니다. 그런데 이러한 상황에서 또한 깊은 위기가 초래됩니다. 위험한 실증주의가 현실적 위협으로 다가오는 것입니다. 그리하여 참과 거짓, 선과 악, 정의와 불의를 구별하려는 열정이 사라져갑니다. 객관적으로 타당한 진리의 자리에 주관의 진리가 들어섭니다. 혹은 한낱 사실성, 심지어 유용성이 그 자리를 대신하기도 합니다. 의존 관계, 목적과 수단의 기능적 관계가 도처에서 단호한 "예/아니오"를 해체해버립니다. 모든 것이 궁극의 진정성을 잃어

버리게 됩니다…… 철학자의 진정성이 가장 엄격하게 요
청되는 것은 바로 이러한 위험 속에서입니다. 철학자는
삶의 질서와 사유의 질서를 올바르게 유지할 책임이 있습
니다. 그러므로 그는 구별을 해야 하고 애매성을 뚫고 들
어가 "이것이냐 저것이냐"의 날카로운 구별을 유지해야
합니다. 삶의 핵심이 문제되는 이 순간에 철학자는 진리
와 신의와 용기가 하나가 되어 이루어내는 견고함을 배워
야 합니다. 철학하기 속에서 고유한 성격을 습득해야 하
는 것입니다. 그것은 오늘날처럼 모든 정당성의 지반이
허물어지고, 이로 인한 공백 때문에 폭력의 지배가 가능
해진 상황에서는 극히 드물어진 덕목의 하나입니다.

　삶은 계속됩니다. 그리고 삶이 철학하는 정신에게 제공
하는 학교는 더 엄격해집니다. 그것은 당연히 철학하는
정신이 본연의 모습에 충실하다는 전제하에서의 이야기입
니다. 가장 편안한 길만 걸으려 하거나, 그저 주위들은 생
각을 반복하거나, 스스로 생각하지 않고 다른 사람들이
생각한 것만 말하는 사람에게 그러한 교육의 기회는 주어

지지조차 않을 것입니다.

철학하는 인간은 이제 완숙해집니다. 그는 자신을 위해서뿐만 아니라 다른 사람을 위해서도 진리의 책임을 떠맡습니다. 그에게는 철학적 일상이라는 짐이 지워집니다. 그런데 이것은 기이한 부담입니다. 철학하기란 뭔가 비범한 성격을 갖는 일이 아닙니까? 플라톤이 이미 가르쳐주지 않았습니까? 고귀한 의미 형상들, 이념들이 정신의 중심에서 일으키는 강력하고 장엄한 운동이 바로 철학하기의 동력이라고 말입니다. 때로는 실제로 그렇기도 합니다. 철학을 하는 사람이라면 누구든 진리와 의미가 그것에 대한 플라톤적 상징인 태양보다도 훨씬 더 밝게 빛나는 그런 순간을 경험하게 마련입니다. 그렇지만 기본적으로 철학을 한다는 것은 탐색이며 노동입니다. 그것은 수고스럽고 힘겨운 싸움이며, 때로 아무런 보상도 받지 못하는 잿빛 고통을 의미하기도 합니다.

그리고 이제 그는 사실의 힘, 예속의 힘보다 더 나쁜 것을 경험하게 될 수도 있습니다. 의미 자체가 퇴색해버리는 것입니다. 이것은 완숙의 시기에 발생하기 쉬운 피로감과 관련되어 있는 현상이지요. 그러한 피로감은 주어진 과제와 임무가 어떤 새로움과 긴장감도 주지 못하고 그저 의무와 부담으로밖에 느껴지지 않을 때, 또는 한 사람이 너무나 많은 일, 너무나 많은 책임을 떠안은 채 계속 버텨야 할 때, 또는 오래전부터 지속되어오던 인간관계에서 신선함은 완전히 사라져버리고 오직 충실한 성격만이 그 관계의 버팀목이 될 때 발생합니다.

그럴 때 생각은 의미의 광채를 잃어버립니다. 말은 가슴을 치는 힘을 상실합니다. 의심이 생겨납니다. 말하고 듣고 쓰고 읽는 이 모든 일들이 대체 무슨 소용일까? 철학자가 찾으려고 애쓰는 것, 진리란 것이 과연 있기는 한 것일까? 근거를 가지고 정당한 가치에 대해 논하는 것이 가능할까? 인간사에 어떤 의미가 있기는 한 걸까? 모든 게 다람쥐 쳇바퀴처럼 늘 똑같이 돌아갈 뿐이 아닌가? 진짜 회의주의의 위험이 닥쳐오는 것입니다. 몽테뉴는 『수상

록』에서 이러한 태도에 고전적 표현을 부여합니다. "크세
주Que sais-je〔나는 무엇을 아는가〕?" 몽테뉴는 단순히 "나
는 아무것도 모른다"고 하지 않고—그런 말이라면, 모르
면 배우라고 대답할 수 있겠지요—"내가 무엇을 아는
가?"라고 묻고 있습니다. 도대체 내가 뭔가를 알긴 안단
말인가? 불확실이나 무지와 구별되는 지식이란 것이 세상
에 있을 수 있는가? 정말로 일정한 입장을 취한다는 것이
가능할까? 의미의 실현이라고 하는 것이 존재하기는 할
까? 철학하는 사람이라면 누구나 어떤 식으로든 이런 경
험을 하게 마련입니다. 특히 인간적 실망을 경험하거나
어떤 계획에 실패하거나 다른 근심이나 병이 찾아올 경
우, 그러한 경험은 더욱더 깊이 마음속에 파고들지요. 그
런데 그런 암울한 일들은 누구에게나 일어나기 마련이 아
닌가요?

그렇지만 회의의 경험도 배움의 과정입니다. 의미가 파
괴될 수 있다는 사실도 인간 삶의 일부이니까요. 실제로
삶 속의 많은 것이 더 이상 의미를 지니지 못하게 됩니다.

적어도 마음에 분명하게 느껴지는 의미는 없어지고 말지요. 앞에서 말씀드린 것처럼, 성년의 시기에 이리저리 얽혀 있는 제약 조건들 속에서 절대적인 것을 인식하는 과업이 주어진다면, 이제 요구되는 것은 의미를 무력화하는 붕괴 과정의 한가운데서 의미를 지탱하려는 노력입니다. 그리고 이러한 위기 속에서 제자리를 지키지 못하는 철학은 제대로 된 철학이라고 할 수 없을 것입니다.

정직한 태도로 문제들을 회피하지 않는다면, 그리고 의미를 부정하는 증거가 아무리 많더라도 의미에 대한 믿음을 용기 있게 지킨다면, 철학자는 삶의 고유한 층에까지 뚫고 들어갈 수 있습니다. 환상이 걷히고 진정 올바른 것이 모습을 드러냅니다.

그렇지만 이로써 모든 문제가 해결되었다고 할 수는 없습니다. 심지어 문제가 쉬워지는 것도 결코 아닙니다. 오히려 이와 정반대로 들릴 수 있는 말을 해야 될 것 같습니다. 이제 모든 것이 수수께끼처럼 느껴지는 경험을 하게 됩니다. 이것은 특별히 대답하기 어려운 몇몇 질문에 대

한 이야기가 아닙니다. 세상사의 전반적인 성격이 그러하
다는 것입니다. 우리가 다음과 같은 점을 인식했다고 합
시다. 그것이 이러한 것은 저것이 저렇기 때문이다, 그리
고 저것은 다시 그 이전에 있었던 것에서 기인한다. 우리
는 이제 이러한 인식이 뭔가를 말해주긴 하지만 그렇다고
많은 걸 말해주는 것은 아니며 하물며 진정 본질적인 것
에 대한 인식은 아니라는 사실을 깨닫게 됩니다. 어쩌면
우리가 정말 말해야 하는 것은 오히려 말할 수 있는 것의
영역 바깥에 있다는 사실을 깨달을지도 모릅니다.

　이제 삶은 말하자면 세잔의 정물화와 같은 성격을 얻게
됩니다. 여기 테이블이 있습니다. 테이블 위에는 접시 하
나가 놓여 있고, 또 접시 위에는 사과 몇 개가 놓여 있습
니다. 그 밖엔 아무것도 없습니다. 모든 것이 거기에, 환
한 조명을 받으며 뚜렷한 모습으로 존재하고 있습니다.
더 물어볼 것도 대답할 것도 없습니다. 그런데도 모든 것
이 비밀로 가득 차 있습니다. 모든 것이 직접적인 그것-자
체 이상의 무언가가 됩니다. 그래서 우리는 이런 생각을

하게 됩니다. 비밀이란 본디 투명성에 속하는 게 아닐까? 존재자가 오직 어떤 심연을 자기 안에 품고 있음으로써만 모조품과 구별된다면, 그러한 심연을 이루는 것은 바로 비밀이 아니겠는가? 심지어 존재 자체가 비밀로 만들어진 것은 아닐까? 사물과 과정들이, "삶"이라 불리는 사태 전체가 비밀로 이루어져 있는 것이 아닐까?

그러한 생각 속에서 철학자는 독특한 경험을 할지도 모릅니다. 가령 어느 저녁, 방에 앉아 있는데, 너무나 익숙한 책과 가구와 벽에 걸린 그림, 책상 위에 놓인 조각상 등이 갑자기 낯설고 기이해지면서, 한편으로 아주 멀리 떨어져 있지만 동시에 자신을 향해 밀려들어오는 듯한 느낌을 불러일으키는 것입니다. 그러면 이런 생각이 찾아옵니다. 네가 여기 앉아 있는 것은 얼마나 이상한 일이냐! 네가 너로 존재한다는 사실, 그러면서 삶이 요구하는 일들을 행하고 있다는 사실, 아니 도대체 네가 존재한다는 사실 자체가 너무나 기이한 일이 아닌가! 이건 도대체 무엇인가? 사물들 뒤에는 무엇이 존재하는가? 너 자신 뒤에

는?" 이럴 때 그는 셰익스피어의 『템페스트』에서 프로스
페로가 한 말을 이해하게 됩니다.

우리를 이루고 있는 재료는

꿈을 만드는 재료와 같은 것

우리의 자잘한 인생은

잠으로 둘러싸여 있네.

—『템페스트』 4막 1장

하지만 정말로 그런 것은 아닙니다. 그것은 꿈이 아닙
니다. 잠 속에서 지나가는 환상이 아닙니다. 그것은 비밀
입니다. 우리는 예감합니다. 그 비밀이 진정한 현실로부
터 우리에게 전해져오는 신호라는 것을 말입니다.

삶 속에서 일어나는 비밀의 파동을 교묘한 이해의 기술
따위로 제거하려는 철학자는 나쁜 철학자입니다. 철학자
는 오히려 그 파동을 분명하게 느낄 수 있어야 합니다. 그
는 이 파동이 계속 뚜렷해지는 과정을 체험해야 합니다.

그러고 나면 무언가가 변하는 것도 이해할 수 있습니다. 이제 비밀 안에서 사는 것이 가능해집니다. 비밀은 신의 자유에서 기원하는 것, 즉 창조되었다는 사실 자체임이 드러납니다.

이러한 분위기 속에서 신앙에 관한 이야기, 신과 창조, 은총과 사물의 섭리, 본질적이고 영원한 깨달음에 관한 말씀들이 새삼 절실한 의미를 얻게 됩니다.

이제 궁극의 경험, 즉 죽음의 경험에 대해 이야기할 차례입니다. 하지만 죽음의 경험은 철학하기의 과정 속에 들어가지는 못합니다. 물론 삶은 때로 어떤 충격에 의해 죽음에 갑자기 가까이 갈 수 있습니다. 가령 커다란 위험에 맞닥뜨리거나 아주 가까운 사람이 죽는 경우가 그렇죠. 그러나 이런 것은 진짜 죽음, 자기 자신의 죽음은 아니지요. 진짜 죽음을 경험한 사람은 더 이상 철학을 하지 않습니다. 죽음 이후에는 자신이 어떤 철학을 해왔는지 진리의 주인께 모두 보고드리는 일만이 남을 뿐이지요.

실은 이와는 약간 다른 경험이 중요한 문제가 됩니다. 진정으로 마지막에 가까이 접해 있는 경험 말입니다. 이전 시기까지 죽음이 그저 모든 삶이 안고 있는 가능성으로서 삶의 흐름 속에 묻혀 있었다면, 이제 임박한 죽음이 감정 깊숙이 파고들어오기 시작합니다.

임박한 종말에 대한 경험은 철학적 태도와의 관계에서 커다란 중요성을 지닙니다. 인간은 임박한 죽음의 경험 앞에서 의연함을 지킬 수도 있고, 그것을 옆으로 밀쳐내며 딴청을 부릴 수도 있습니다. 죽음을 본래의 세계로 들어가는 일보로 이해할 수도 있고, 단순히 모든 것의 끝으로 이해할 수도 있고요. 기독교적인 정신에서 고집스럽게 죽음에 반항할 수도 있고, 그러면서도 죽음을 삶의 불의에 대한 속죄로서 받아들일 수도 있습니다. 혹은 그냥 죽음에 투항할 수도 있겠지요. 디오니소스적 도취 상태에서든, 공포에서든, 무기력한 체념에서든 말입니다. 삶에 대한 이해는 이러한 죽음에 대한 태도와 상당한, 아니 아주 결정적인 관련이 있습니다.

167

이 점에 대해서는 할 이야기가 아직 많이 남아 있지만,
지금 말씀드린 것으로 일단 만족해야겠군요.

여러분, 윤리의 근본 문제에 관한 이 강의에서 우리는
종종 삶 전체를 조감하고, 또 개별적인 문제들에 대해 이
러한 전체의 관점에서 해답을 제시해보려고 시도해왔습니
다. 그리고 제가 오늘 말씀드린 생각 역시 삶 전체에 대한
조감에 도움이 되는 내용이었지요. 따라서 우리가 이러한
생각을 해본 것은 공연한 시간 낭비가 아니었다고 믿으며
말씀을 마치고자 합니다.

늙는다는 것에 관하여

1

제가 말씀드릴 것은 사람들이 노년이라 부르는 삶의 시기에 관해서입니다. 노년은 의학에서처럼 생리학적 관점으로 고찰할 수 있습니다. 아니면 늙은 사람들이 사회생활에 적응할 수 있는 가장 좋은 방식은 무엇일까를 고민하는 실제적-사회학적 관점으로 고찰할 수도 있겠고, 그외에 다른 관점도 있겠지요. 하지만 우리는 이에 관해 철학적인 질문을 던져보고자 합니다. 노년이란 그 이후에는 아무것도 오지 않는 마지막 시기일 뿐인가, 아니면 나름의 고유한 의미를 갖는 시기인가. 어쩌면 노년의 의미는 아주 훌륭하고 심오한 것이어서 그러한 의미를 이해하고 실현하기 위해 노력할 가치가 있지는 않은가.

　노년에 대해 이야기할 수 있는 사람은 당연히 노년을 아는 사람일 겁니다. 그런데 노년에 대해 정말로 뭔가를 아는 사람은 그 자신 노년에 다다른 사람일 수밖에 없습니다. 그렇지 않다면 노년에 관한 이야기 속에는 노인보다 더 젊은 사람의 정신적 태도가 반영되겠지요. 그런 젊은 사람에게 노년은 결코 존경할 만한 대상으로 보이지 않을 겁니다. 물론 피상적인 이상주의적 태도로 그렇지 않은 척할 수는 있겠지만, 적어도 그의 마음속에서는 우월함과 무시의 감정이 일어날 것이 분명합니다. 그는 권위를 주장하는 노인의 태도에 종종 강한 반감을 느끼기도 할 테지요. 게다가 마지막으로 잊지 않아야 할 것은 상승하는 삶과 하강하는 삶 사이에 존재하는 은밀한 적대감입니다. 이 적대감이 얼마나 무자비한 위력을 발휘할 수 있는지에 대해서는 원시 부족들의 관습을 생각해보면 충분합니다. 사실은 그렇게 멀리까지 돌아볼 필요도 없지요. 살 가치가 있는 삶이니, 살 가치가 없는 삶이니 하는 비인

간적인 척도가 통용된 나치 시대가 불과 얼마전의 일이
아닙니까? 그런 비인간적 척도로 인해 결국은 젊은 삶만
이 가치 있는 거라는 생각, 노인은 그런 젊은이의 삶을 억
누르고 방해할 뿐이라는 생각이 퍼진 셈입니다. 그런 식
이라면, 노인이 더 이상 생산도 하지 못하고 사회에 부담
만 되는 불필요한 존재라는 건 두말할 나위도 없겠지요.

　물론 모든 감정적 입장이 으레 그렇듯이 노년에 대한
이러한 감정은 그 반대편 극단의 감정과 맞서 있습니다.
그것은 노인 자신, 정확히 말하면 잘못 늙은 노인에게서
발견되지요. 그런 노인은 삶이 자신의 뜻에서 벗어나버리
는 것에 대해 불평하는 마음을 품게 됩니다. 그래서 청춘
의 젊음을, 그들의 미래와 계획과 희망을 시기하고, 그들
의 기분을 망쳐놓을 생각만 하지요. 그래봤자 할 수 있는
것이라고는 기껏 모든 새로운 것을 비난하고 옛날 것은
무조건 미화하는 정도를 넘지 못하겠지만 말입니다.

　따라서 노년에 대해 뭔가 신뢰할 만한 이야기를 하기란
쉬운 일이 아닙니다. 이를 위한 하나의 전제 조건은 이야

171

기하는 사람 스스로 늙는 경험의 와중에 있어야 한다는 것입니다. 하지만 그것만으로는 부족합니다. 자신이 노년의 인간으로서 삶에 대한 불평불만, 청춘에 대한 질투, 새로운 것에 대한 원한 감정에 빠지기 쉽다는 것을 인식하고 적어도 이 문제에 대한 자기 나름의 해결책을 찾아낸 상태에서야 이야기를 시작할 수 있을 것입니다.

따라서 노년의 의미에 대해 뭔가를 말하려고 하는 사람은 이 모든 면에서 자신 있노라고 큰소리치는 셈이 되겠습니다. 좀 민망한 노릇이지요. 그럼에도 불구하고 적어도 이런 사정이 있다는 것은 먼저 밝혀둘 필요가 있었습니다. 그래야 비로소 이야기할 수 있는 여지가 생기니까요.

또한 여기에 들인 시간도 헛된 것은 아니었습니다. 왜냐하면 그 덕분에 우리는 노년의 문제 한복판으로 들어올 수 있었으니까요. 이제 우리는 늙는다는 것이 나이가 얼마 이상이라든가, 몸의 기력이 어떤 특정한 상태에 다다랐음을 가리키는 게 아니라는 사실, 늙는 데도 올바르게 늙는 경우와 잘못 늙는 경우의 구별이 있다는 사실을 분

명히 알 수 있었습니다. 그리고 노년에 대해 젊은 사람들
이 어떤 태도를 보이느냐는 늙은 사람들이 스스로를 어떻
게 이해하고 살아가는가에 달려 있다는 점도 분명해졌습
니다.

2

제일 먼저 모든 삶의 지혜의 근간을 이루는 아주 중요
한 점을 말씀드리고자 합니다. 올바르게 늙기 위해서는
늙어간다는 사실을 내면적으로 받아들여야 한다는 것입
니다.

이것은 결코 당연한 것도 아니고 또 쉬운 것도 아닙니
다. 늙는 것을 도무지 받아들이지 못하고 고통스럽게 느
끼기만 하는 경우가 허다하니까요. 하지만 그런다고 그가
서른이나 쉰이 아니라 일흔이라는 사실이 바뀔 리는 없습
니다. 계단을 뛰어오를 힘이 없어서 천천히 올라갈 수밖
에 없다는 사실, 피부가 팽팽하지 않고 주름투성이라는

사실도 변하지 않습니다. 그런데도 그는 그런 엄연한 사실을 부정하려 하고, 그러다보니 심각한 거짓에 빠지게 됩니다. 이런 사례가 얼마나 흔한지는, 전철이나 사교모임 혹은 극장에서 주변을 흘끗 보기만 해도 쉽게 확인할 수 있습니다. 늙었다는 것을 가리고, 더 이상 존재하지 않는 젊음을 가진 척하기 위해 가능한 모든 방법을 동원하는 사람들이 금세 눈에 들어옵니다. 물론 코미디 같은 이런 식의 위장은 표면적인 성공조차 거두지 못합니다. 사람들의 능숙한 시선이 이를 간파하기 마련이니까요. 그리하여 거짓됨에 우스꽝스러움까지 더해지게 됩니다.

그래서 첫번째 원칙은 이런 것입니다. 늙음을 받아들여라. 더 진실하게 받아들일수록, 늙음의 의미에 대해 더 깊이 통찰할수록, 더 순수하게 진리에 순종할수록, 노년이라는 이름을 달고 있는 삶의 시기는 더 참되고 가치 있게 된다.

왜냐하면 노년 역시 하나의 삶이기 때문입니다. 노년은 그저 말라가는 샘도, 한때 탄탄하고 힘이 넘치던 형태가 허물어지는 과정도 아닙니다. 노년은 그 자체로 고유한 양식과 가치를 가진 삶입니다. 물론 노년은 죽음으로 가까이 다가가는 것입니다. 그러나 죽음 역시 여전히 삶입니다. 죽음은 단순한 중단이나 소멸이 아닙니다. 죽음 안에는 어떤 의미가 담겨 있습니다. "마치다"라는 동사가 가진 이중적인 의미에 대해 생각해봅시다. 삶이 끝남을 의미하는 이 동사에는 "완성하다"라는 의미도 함께 들어 있습니다. 즉 마치다라는 동사는 뭔가를 끝냄으로써 그것의 본질을 성취한다는 의미를 지닙니다(원서에서는 '완성하다vollenden'라는 동사로 이를 설명하고 있다. 그것은 'Voll-Enden 완전하게 끝내다'로 분석된다─옮긴이). 그래서 죽음은 무화가 아니라 삶의 완성과 관련된 가치입니다. 우리 시대는 그러한 죽음의 가치를 잊어버렸지요. 옛 사람들이 "죽음의 기술"에 대해 이야기했던 것은 죽음에도 나쁜 죽음과 올바른 죽음이 있음을 말하기 위해서였습니다. 단지 시드는 죽음, 몰락으로서의 죽음도 있지만 완결과 완성으로서의 죽음, 삶의 형상을 완전히 실현한다는 의미에서의 죽음도 있다는 것입니다. 따라서 죽음의 기술이 그런 의미라면, 마찬가지로 올바르게 늙어간다는 의미에서 늙기의 기술을 이야기할 수 있을 것입니다.

그런데 올바르게 늙기 위한 첫번째 조건은, 다시 한 번 말씀드리지만, 받아들이는 것입니다. 죽음을 얼마나 잘 받아들이는가에 따라 노년이라는 시기를 경험하는 방식도 달라집니다. 물론 그렇다고 노년이 주는 쓰디쓴 경험 자체가 없어지는 것은 아닙니다. 날이 갈수록 다른 사람에게 의존해야 하는 무기력함, 약하기 때문에 당하는 무시 같은 것, "아무 낙이 없는 해"라는 전도서의 말씀(전도서 12장 1절)에 함축되어 있는 모든 부정적인 경험들 말입니다. 하지만 이런 경험도 늙어가는 사람이 자신의 삶과 화해로운 관계를 맺고 늘 새롭게 노년을 받아들임으로써 이러한 조화 상태를 유지하느냐 아니면 자신이 생의 불리한 쪽에 서 있다고 느낌으로써 결국 노년을 우습게 아는 사람들과 근본적으로는 같은 입장에 서느냐에 따라 완전히 상이한 성격을 띨 것입니다.

176

노년을 받아들이는 정도에 따라 젊은 사람들과의 관계도 달라집니다. 노년을 진심으로 받아들인 사람은 자신의 통제에서 벗어나버린 삶에 대한 원망과 아직 젊음을 누리고 있는 사람들에 대한 질투를 버릴 수 있게 됩니다. 그는 젊은이들의 삶을 인정합니다. 그는 젊은이들을 사랑하는 법을 배우고 그들을 도우려고 합니다. 그리고 이러한 노인의 시도는 질투심을 선의로 위장하여 젊은이들을 지배하려는 의도가 아니라, 삶 자체의 문제 앞에서 느끼는 연대감, 수많은 위험과 혼란으로 점철된 삶을 바로잡으려는 소망의 표출이라고 저는 말씀드리고 싶습니다.

그러면 젊은이들 역시 그것을 느낍니다. 또한 그들은 이를 통해 장차 늙었을 때 노년을 인정할 수 있는 법을 배울 수 있습니다. 그들은 노년에도 진정한 삶의 형상이 존재한다는 사실을 깨닫습니다. 비록 그것을 정말로 이해하지는 못하겠지만 말이죠. 이들은 노인을 신뢰하게 되고, 이러한 신뢰로부터 한 가지 기본적인 덕목을 자신의 삶 속에 수용하게 됩니다. 그것은 결코 혼자서는 발견할 수 없었을 중요한 덕목인데요. 삶이 충만하고 바르게 완성되도록 다양한 삶의 형상들이 연대할 수 있다는 깨달음이 바로 그것입니다.

3

그러면 노년의 의미는 어디에 있는 것일까요? 제가 보기엔 두 가지입니다.

삶은 단선적이고 획일적인 흐름이 아닙니다. 삶은 자체적으로 완결된 여러 시기들로 구성됩니다. 그래서 예를 들어 유년기는 유년기 나름의 고유한 의미, 즉 성장이라는 의미를 가집니다. 이 의미가 실현되려면 성장을 가능하게 하고 촉진하는 좋은 보호 환경이 필요한데요, 바로 이러한 특수한 조건 속에서 다른 경우에는 생겨날 수 없는 독자적 가치가 생겨납니다. 하지만 유년기가 아무리 내적인 평화 속에 머물러 있는 것처럼 보이더라도, 유년기의 의미가 이후의 삶을 위한 준비에 있다는 점 역시 부정할 수 없는 사실입니다. 어른은 결국 아이 때 산 삶과 그 삶 속에서 형성된 것을 양분으로 살아가니까요. 그래서 제대로 충족되지 못한 유년기를 보낸 사람은 이에 따른 결함과 오점 들을 드러내기 마련입니다. 이와 비슷한 이야기는 청춘의 삶에 대해서도, 완숙기에 이른 삶에 대해서도 할 수 있을 것입니다. 그런 의미에서 노년 역시 고유한 형상입니다. 노년의 형상이 가진 의미는 아마도 "지혜"라는 단어로 규정될 수 있을 것입니다.

올바른 방식으로 늙어가는 사람은 삶 전체를 이해할 수 있는 능력을 지니게 됩니다. 그에게는 미래라고 할 수 있는 것이 더 이상 남아 있지 않습니다. 그래서 그의 시선은 지나간 것들을 향합니다. 그는 맥락을 봅니다. 삶의 맥락 속에는 다양한 소질과 성과, 성취와 상실, 기쁨과 고난 등이 서로를 규정하며 얽혀 있고 그 가운데서 우리가 "인간의 삶"이라고 부르는 놀라운 구조물이 생겨난다는 사실을 인식합니다.

우리는 종종 인격을 이야기하곤 합니다만, 이때 우리가

말하는 인격이란 인간이 그 자신으로서 존재하는 특징적인 방식을 의미합니다. 이러한 특징적 방식에 따라 상이한 소질, 성향이 신체와 영혼, 정신으로 이루어진 삶의 구조 속에 엮여 하나의 전체를 이루고, 이 모든 것이 더 이상 다른 것으로 소급되지 않는 중심점, 즉 우리로 하여금 다른 사람이 아닌 바로 "그"라고 여기게 만드는 그 중심점을 통해 규정되는 것입니다. 이러한 인격의 형식은 말하자면 지속적인 성격을 지닙니다. 그래서 우리는 어떤 사람을 만나면 그의 인격을 느낍니다. 그와 대화를 하든, 함께 일을 하든, 다투든, 우리는 그가 바로 그라는 것을 알아차리지요. 하지만 인격은 또한 시간의 형식을 갖고 있습니다. 바로 삶의 행로가 그것입니다. 지속성으로서의 인격이라는 형상은 마치 초상화와 같습니다. 그리고 시간 형식으로서의 형상은 선율에 해당되지요. 이 두 가지 형상에서 신이 한 인간을 어떻게 생각하셨는지가 드러납니다. 인간은 삶에 대한 설계도라 할 수 있는 이러한 생각을 신에게서 받아 태어나는 것입니다. 그가 지닌 내적인 소질이나 성향뿐만 아니라 외적인 환경, 삶의 인연과 운명이 모두 함께 그 계획을 실현하기 위한 소재를 이룹니다. 그리고 그가 삶에 대해 얼마나 깊은 통찰과 선한 의지와 진지한 태도를 가졌는가에 따라서 그 계획은 실현될 수도 있고, 실현되지 못할 수도 있습니다. 심지어 아주 변질되어버릴 수도 있고요.

인간이 계속해서 앞으로 나아가는 삶의 흐름 속에서 계획하고 싸우고 희망하는 동안에는 이와 같은 신의 생각에 대해 분명히 알기가 어렵습니다. 그것은 점점 가까이 다가오는 생의 끝이 주는 압박감 속에서, 자신의 삶을 되돌아보기 시작할 때 비로소 분명해집니다. 이때야 비로소 커다란 맥락을 보고, 이해할 수 있게 되는 것입니다. 물론 그러려면 삶이 무엇인지를 보려는 용기, 삶을 참되게 보려는 정직성이 전제가 되어야겠지요.

바로 여기에서 지혜가 생깁니다. 사람마다 인격과 운명이 제각각일지라도, 또 젊고 늙음의 차이가 있다 할지라도, 어쨌든 우리는 모두 같은 인간이므로, 노년에 이르러 자신의 삶 전체를 볼 수 있는 사람은 아직 삶을 실현해가는 와중에 있는 이들에게 일어나는 일들을 어느 정도 이해할 수 있고, 따라서 그들에게 때로 도움이 될 만한 충고를 들려줄 수 있는 것입니다. 젊은 사람들이 귀담아 듣고 배울 자세가 되어 있다는 전제에서 말입니다. 물론 경험의 가장 내밀하고 고유한 부분은 말로 전달될 수 없는 법이지요.

이상이 노년의 첫번째 의미에 대한 말씀이었습니다. 두번째 의미는 첫번째와 긴밀하게 연관되면서도, 그 나름의 특별한 내용을 담고 있습니다. 그것은 늙어가는 인간이 끝이 아닌 영원한 것에 가까이 있다는 사실에서 나옵니다.

여기서도 한 가지 조건이 필요합니다. 즉 그가 영원한 것에 대해 알고 있어야 한다는 것입니다. 그러니까 시간의 흐름에 완전히 갇힌 채 그저 하루하루 살아가는 암담한 상태에 빠져서는 안 된다는 것입니다. 그런 사람이 아는 것은 그저 어제와 내일, 그리고 그 사이에 놓인 아주 짧은 지금밖에 없습니다. 이 사람은 어제나 내일 혹은 지금 안에 들어 있지 않은 것, 즉 영원한 것에 대해 알지 못합니다. 더 분명하게 말씀드리면, 그는 신에 대해, 그리고 시간을 초월한 신의 나라에 대해 알지 못한다는 것입니다.

그러면 위의 조건을 갖춘 경우에 대해 생각해봅시다. 자기 삶의 내적 중심을 떠나지 않은 어떤 인간이 있다고 합시다. 이 사람은 뭔가 대단한 비밀을 간직하고 있다고 여겨지는 자연만을 맹신하지도 않고, 역사성만을 내세우며 진보에 대한 무의미한 믿음에 빠져들지도 않습니다. 그의 내면에는 정당한 것, 영속적인 것에 대한 지식이 생생히 살아 있습니다. 그리고 그의 고유한 본질 가운데 그러한 정당성과 영속성 자체에 귀속되는 부분 역시 생생히 살아 있습니다. 그의 안에서 불멸하는 어떤 것이 신의 영원함에 응답합니다. 만일 그런 사람이 있다면, 노년기가 진행되는 과정에서 그의 이러한 성향은 점점 더 강화될 것입니다. 이제 직접적인 생활과 관련된 일과 문제 들은 더 이상 긴급하지도, 우선적이지도 않게 됩니다. 그런 것들이 지금까지 생각의 공간과 느낄 수 있는 마음의 힘을 폭력적으로 점유하고 있었다면, 이제는 여기서 점점 자유로워집니다. 이전의 그에게 대단히 중요했던 많은 일들이 이제 중요하지 않게 됩니다. 그리고 사소하게 여겨온 다른 것들이 심각한 의미를 얻고 진리를 밝히는 힘을 지니기 시작합니다. 무게중심이 이동하고, 새로운 척도가 모습을 드러냅니다.

이러한 변화는 우리가 앞에서 이야기한 바, 즉 삶 전체를 바라보는 시각에까지 영향을 미칩니다. 그것은 종교 언어가 심판이라고 부르는 것의 전前 단계에 해당합니다. "심판"이란 소문의 베일에 가려져 있던 것들, 거짓과 폭력으로 어지럽게 뒤덮여 있던 것들을 어떤 뒷거래도, 어떤 기만도 용납하지 않는 신의 진리의 권능 앞에 내놓는 것을 뜻합니다. 노년기를 올바르게 보내는 사람은 죽음 이후에 신 앞에서 행해질 심판을 준비합니다.

심판을 위한 준비 과정 역시 지혜를 낳습니다. 그리고

이 지혜로부터 권위가 생기지요. 권위는 모종의 권력을 차지한다고 해서 생기는 게 아닙니다. 권위는 진리에 대한 체험에서 나오며, 다른 무엇을 통해서가 아니라 자기 자신을 통해 입증됩니다. 권위는 노년에 하나의 의미를 더해줍니다. 그것은 삶의 다른 어떤 시기에서도 찾아볼 수 없는 것이지요.

4

그래서 노년을 살아가는 인간에게 핵심적인 문제는 자신이 늙어간다는 사실을 받아들이고 이 과정의 의미를 이해하며 그 의미를 실현하는 데 있습니다. 그런데 이 외에도 언급해두어야 할 또 다른 중요한 사항이 있습니다. 노인이 아닌 일반 사람들 역시 그들 나름대로 노년을 받아들여야 한다는 것입니다. 다시 말해 노년이 의당 누려야 할 삶의 권리를 진솔하고 친절한 태도로 승인해주어야 한다는 것입니다.

오늘날 우리는 오직 청춘의 삶만이 인간적으로 가치 있는 것이며 노년의 삶은 몰락에 지나지 않는다는 식의 태도가 광범위하게 확산되어 있는 것을 봅니다. 그런데 혹시 이것은 노년의 의미에 대한 의식을 가지고 자신의 삶을 제대로 꾸려보고자 하는 노인이 점점 줄어드는 것과 정확히 상응하는 현상이 아닐까요? 이 두 가지 사실은 서로에 대해 원인이자 결과가 되는 것이 아닐까요? 그리고 인간의 삶 전체가 능력과 효율 면에서 지속적으로 발전하고 있음에도 불구하고 기이하고 수상쩍은 미성숙함을 동시에 양산하고 있는 것도 이 때문이 아닐까요?

전체 인구에서 노인 인구의 비중이 점점 커진다고 걱정들을 많이 합니다. 하지만 저는 아직까지 이렇게 묻는 사람은 보지 못했습니다. 노인들 자신이 더 이상 자기 존재의 의미를 이해하지 못하고 그래서 사회에서 진정한 역할을 하지 못하게 된 것이 정말 우려스러운 문제가 아닐까라고 말입니다. 이런 상황이라면 노인은 가족과 공동체와 국가에 그저 짐밖에 되지 않겠지요.

늙어가는 인간이 사회 전체의 맥락에서 어떤 의미를 지니는지를 제대로 이해하는 것은 대단히 중요한 문제입니다. 사회학적, 문화적 관점에서 보더라도 그러합니다. 청춘의 삶만이 인간적으로 가치 있는 것이라는 위험한 유아적 사고방식은 반드시 극복되어야 합니다. 노년기도 인간의 삶에 대한 우리의 관념 속에 하나의 가치 요소로서 포함되어야 하고, 이를 통해 삶의 전 과정이 완전한 꼴을 갖추어야 합니다. 그 속에서 맘에 드는 한 조각만을 진짜 삶이라고 여기고 나머지는 쓰레기처럼 버리는 식이어서는 안 되는 겁니다. 도대체 노인 치료를 위한 의학의 발전이 무슨 소용이 있겠습니까? 병든 노인을 돌보는 사회적 제도가 아무리 잘 되어 있다 한들 무슨 의미가 있겠습니까? 노인 스스로 자기 존재의 의미에 대해 자각하지 못한다면 말입니다. 그런 노인은 생물학적인 의미에서 연명한다고 해도, 자기 자신에게나 주변 사람들에게나 괴로움만 안겨 줄 뿐입니다.

그런데 이상의 고찰에서 다음과 같은 결론도 끌어낼 수

있습니다. 다른 사람들도 나름대로 노인에게 노년의 과정을 올바르게 실현해갈 수 있는 가능성을 열어주어야 한다는 것입니다. 노년의 삶을 제대로 살아내느냐 하는 것은 물론 상당 부분 본인에게 달려 있지만, 주변 사람들, 가족, 친구, 그리고 그 이상의 사회적 맥락, 즉 지역 공동체, 국가 등이 노인에게 그의 개인적 힘을 넘어서는 부분에서 적절한 삶의 조건을 제공해주느냐 하는 것도 역시 중요한 문제이기 때문입니다.

주변에서 이렇게 배려해주고 또 자신의 과업을 제대로 수행하고자 하는 노인의 의지가 여기에 부응한다면, 사회 전체에 필수불가결한 하나의 준거 지점이 형성될 것입니다. 노년이 자신의 고유한 의미를 간직하지 못하고, 그런 의미를 실현할 수 있는 가능성도 주어지지 않는다면, 그것은 기초에서부터 잘못되어 있는 전반적 의식 때문일 것입니다. 이는 충만한 삶의 결핍, 통찰력의 상실, 판단의 왜곡으로 귀착되며 도처에서 심각한 부작용을 일으키게 마련입니다.

이 문제에 대해서도 지난 몇십 년의 경험은 중대한 교훈을 남겨줍니다. 이성이 똑바로 깨어 있는 사람, 뜨거운 심장을 가진 사람이라면 누구나 그 교훈을 깨달을 수 있을 것입니다.

옮긴이의 글

우리 삶의 본질에 대한 가장 간결한 말

이탈리아 태생의 독일 가톨릭 신학자이자 철학자 로마노 과르디니는 『삶과 나이』에서 탄생에서 죽음에 이르기까지 보편적이고 전형적인 인생의 모습을 그려낸다. 그는 인생의 시기를 대략 유년기, 청년기, 성년기, 중년기, 노년기, 고령기로 나누어 각 시기마다 인간이 해결해야 할 과제, 실현해야 할 가치, 그리고 하나의 시기에서 다음 시기로 이행할 때 발생하는 위기와 위험, 그리고 그 극복 방안에 관해 참으로 선명하게 서술한다. 어찌 보면 평범한 것 같지만, 살아가면서 곧잘 잊어버리게 되는 근본적이고도 보편적인 인생의 지침들이 아주 압축적이면서도 이해하기 쉽게 설명되어 있다. 아마도 그것이 이 작은 책자가 출간

190

60년이 지난 지금까지도 판을 거듭하며 독일 독자들의 사랑을 받고 있는 이유일 것이다.

과르디니가 여기서 특히 공을 들여 설명하는 것은 노년의 문제다. 이 책은 오늘날 인생에서 노년의 가치가 잊혀져가고 있는 데 대한 강력한 비판의 메시지를 담고 있다. 슈테판 츠바이크는 『어제의 세계』에서 제1차 세계대전 이후 유럽에서 노년이 무가치해지고 모두가 조금이라도 더 젊어지고자 하는 청춘 문화가 확산되었다고 말한다. 1953년에 처음 출간된 과르디니의 책은 이러한 청춘 문화가 이미 고착화된 가운데 젊음이 삶의 표준으로 간주되고, 이와는 반대로 인구의 고령화 추세가 가시화되는 역설적 상황에 맞서, 삶의 전체로서의 가치를 열렬히 옹호하고 있다. 그가 여기서 가장 강조하는 바는 다음 두 가지로 요약할 수 있다. 첫째, 삶이 온전한 전체로 완성되기 위해서는 삶의 부분들, 유년기, 청년기, 성년기, 중년기, 노년기, 고령기가 모두 그 나름의 독자적 가치를 실현해야 한다.

둘째, 노년기 이후의 시기는 가치가 줄어든 삶을 근근이 연장하는 시간이 아니라 삶을 완성하는 시간, 삶에 제대로 된 마침표를 찍는 시간이다. 그것은 노년기 이후가 삶 전체를 그림자처럼 동반해온 죽음의 의미를 진정으로 성찰할 수 있는 유일한 시기이기 때문이다.

청춘이 절대화되고, 노년의 삶의 가치가 제대로 실현되지 못하며, 젊음과 늙음 사이에 질투와 불신만이 지배하는 상황. 과르디니가 우려스럽게 진단한 현대의 상황은 오늘날 우리 사회의 모습을 적확하게 겨냥하고 있는 것처럼 느껴진다. 우리 모두가 이 책의 메시지에 귀 기울여야 할 이유이다.